AF204571

Reine Mädchen SACHE

GIRL power

ars Edition

Inhalt

Plötzlich ist alles so kompliziert

Wie bist du – und warum? Seite 04
Mag dich, wie du bist! Seite 06

Mein Körper, das unbekannte Wesen

Sorry, ich bin in der Pubertät! Seite 08
Diese verflixten Hormone! Seite 10
Autsch! Ich bekomme einen Busen! Seite 12
Cool! Mein erster BH! Seite 14
Igitt! Ich müffel wie ein Büffel! Seite 16
Hilfe! Wie bekämpft man einen Urwald? Seite 18
Ätzend! Ein Pickel! Seite 20
SOS! Fettige Haare! Seite 22
Hoppla! Woher kommt das Blut? Seite 24
So überstehst du deine Tage Seite 26
Chaos im Teenie-Hirn Seite 28
Test: Was hilft gegen miese Laune? Seite 30

Die Sache mit der Liebe

Sind Jungs Spätzünder? Seite 32
Jeder tickt anders Seite 34
Total verknallt! Seite 36
Test: Welcher Mensch passt zu mir? Seite 38

Die Clique – und fiese Feiglinge

Niemand ist gerne alleine Seite 40
Von BFF und ABF Seite 42
Test: Bin ich die perfekte Freundin? Seite 44
Freundschaften für die Ewigkeit Seite 46

Deine Clique Seite 48
Test: Tust du immer, was andere dir sagen? Seite 50
Viel Spaß im Internet! Seite 52
Liebe im Netz Seite 54
Von fiesen Feiglingen Seite 56

Doofe Erwachsene, blöde Schule?

Warum nerven meine Eltern so? Seite 58
Immer nur Zoff Seite 60
Geht es nicht auch ohne Regeln? Seite 62
Test: Bin ich wirklich so ungenießbar? Seite 64
Keine Lust auf Schule? Seite 66
Ich bin ein Morgenmuffel! Seite 68

Spieglein, Spieglein an der Wand ...

Was ist »schön«? Seite 70
Schminke – ja oder nein? Seite 72
Dünn wie Barbie? Seite 74
So fühlst du dich rundum wohl Seite 76
Immer hübsch in Bewegung bleiben! Seite 78
Dein eigener Stil Seite 80
Schicke Tricks und Kniffe Seite 82

Mit Vollgas ins Leben

Was darf ich ab welchem Alter? Seite 84
Was sonst noch im Gesetzbuch steht Seite 86
Taschengeld Seite 88
Mein eigenes Reich Seite 90
Hinfallen. Aufstehen. Krone richten. Weitergehen. Seite 92

Glossar Seite 94

Plötzlich ist alles so kompliziert

wie bist du – und warum?

Warum kommst du in letzter Zeit morgens bloß so schwer aus dem Bett? Warum machst du deine Hausaufgaben jetzt oft auf den allerletzten Drücker? Und warum wirst du plötzlich knallrot, wenn dich jemand anspricht? Das war doch vor ein paar Monaten noch gar nicht so.
Auf einmal ist alles anders. Aber – warum?!
Die Antwort ist einfach: Du wirst allmählich erwachsen – und DAS ist überhaupt nicht einfach!

Dein Körper – eine Baustelle

Stell dir deinen Körper am besten wie eine riesige Baustelle vor. An allen Ecken und Enden wird nun kräftig gearbeitet: Du wirst plötzlich ein ganzes Stück größer. Du bekommst einen Busen. Deine Hüften werden runder. Scham- und Achselhaare sprießen. Sogar dein Gehirn verändert sich. Das ist alles ganz schön anstrengend für dich!

Wie lange wird an mir herumgebastelt?

Die Jahre, in denen du erwachsen wirst, nennt man »Adoleszenz«. Bei Mädchen fängt diese Zeit mit etwa zehn Jahren an und dauert ungefähr bis zum 20. Geburtstag. Zugegeben, so eine lange Bauzeit ist ätzend. Aber – es kommt ja auch was Cooles dabei heraus!

So ein Durcheinander!

Auf deiner Baustelle geht es drunter und drüber. Darum ist es auch normal, dass du dich jetzt oft unsicher fühlst. Acht von zehn Mädchen finden sich sogar richtig hässlich und doof.
Und wer sich selbst nicht leiden kann, der zickt schon mal rum. Lachen und Weinen liegen bei dir deshalb sehr nahe beieinander.

Cool sind immer die anderen

Ob du es glaubst oder nicht: Selbst das coole blonde Girl aus der Parallelklasse, das du so bewunderst, liegt zu Hause manchmal auf dem Bett und wünscht sich, jemand ganz anderes zu sein. Wer weiß – vielleicht will es sogar so sein wie du?

Blitztipp

Du kannst dich gerade überhaupt nicht ausstehen?
Dann stell dich sofort vor einen Spiegel und streck dir selbst die Zunge raus (wenn du möchtest, darfst du dich auch mit allen üblen Schimpfwörtern anbrüllen, die du so kennst). Wetten, dass du anfangen musst zu lachen?

Mag dich, wie du bist!

Zugegeben: Sich selbst zu mögen, ist nicht leicht. Darum darfst du hier ein bisschen träumen. Stell dir vor, du dürftest mit einem großen Star tauschen.

Endlich ein Star sein!
Wer würdest du am liebsten sein?

.....

Doch mal ehrlich: Wäre es wirklich so schön, jemand anderes zu sein? Jeden Tag? Dein ganzes Leben lang?

Am glücklichsten ist jeder Mensch, wenn er sein darf, wie er ist. Ohne Show und ohne Theater.

Wer bin ich eigentlich?

Wer sich selbst gut kennt, fühlt sich gleich ein bisschen besser.
Hier sind ein paar Fragen, die dir helfen, über dich nachzudenken:

1. Was machst du am liebsten?
2. Was findest du an dir gut?
3. Warum mögen dich deine Freunde und Freundinnen?
4. Worüber lachst du gerne?
5. Was kannst du besonders gut?
6. Würdest du auf einer einsamen Insel überleben?

Ist dir beim Beantworten der Fragen etwas aufgefallen? Du hast jede Menge Stärken und liebenswerte Seiten! Hab also einfach Vertrauen in dich selbst. Dann werden auch viele deiner Pläne für die Zukunft wahr.

Pläne für die nächste Zeit

1. .....

2. .....

3. .....

So, und jetzt schaut bei dir noch schnell eine gute Fee vorbei und schenkt dir drei Wünsche für dein Leben. Überlege dir die Antworten gut.
So eine Chance gibt es nicht jeden Tag!

Drei Lebenswünsche

1. .....

2. .....

3. .....

Mein Körper, das unbekannte Wesen

Sorry, ich bin in der Pubertät!

Das Wort »Pubertät« hast du in letzter Zeit wahrscheinlich schon so oft gehört, dass es dir zu den Ohren rauskommt. Wenn deine Eltern seufzen: »Hilfe, unsere Tochter pubertiert!« – dann bedeutet das übersetzt: »Hilfe, unsere Tochter benimmt sich unmöglich!«

Was heißt eigentlich Pubertät?

Der Begriff »Pubertät« hat nichts mit blödem Benehmen zu tun. Er kommt aus der lateinischen Sprache und heißt übersetzt: beginnende Geschlechtsreife. Denn du entwickelst dich jetzt vom Mädchen zur jungen Frau, die Kinder bekommen kann.

Die Pubertät dauert nicht so lange wie die Adoleszenz. Schon mit etwa 12 bis 14 Jahren bist du geschlechtsreif – aber noch lange nicht erwachsen.

Teenager nagen nicht am Tee
Der Begriff »Teenager« kommt aus den USA. »Teen« ist die Endung der Wörter thirteen bis nineteen und »age« heißt »Alter«. Teenager bist du also im Alter zwischen 13 und 19.

Bin ich zu spät dran?

Die Pubertät beginnt nicht bei allen Mädchen im selben Alter. Manche bekommen schon mit neun Jahren ihre erste Periode, andere dagegen erst mit 14 oder 15 Jahren. Wenn bei deiner besten Freundin alles kräftig wächst, während sich bei dir noch nichts tut – keine Panik! Das ist alles ganz normal!

Wilde Rüpel!

Nein, ausnahmsweise ist hier nicht von dir die Rede. Sondern von jungen Hunden. Wusstest du, dass auch sie in die Pubertät kommen? Das passiert mit ungefähr neun Monaten. Auch Hunde werden dann für einige Zeit ziemlich frech und flegelhaft! Sie wollen zeigen, wie mutig und stark sie sind, und folgen nur ungern den Kommandos ihrer Herrchen und Frauchen. Auch diese Pubertät ist also ziemlich anstrengend ...

Diese verflixten Hormone!

Jede Pubertät beginnt zuerst im Kopf. Denn die meisten Veränderungen, die dein Körper in den nächsten Jahren erlebt, werden von dort aus gesteuert. Eine kleine Stelle des Gehirns löst damit deine sexuelle Reifung aus.

Wie funktioniert das mit den Hormonen?

Sobald du alt genug dafür bist, sendet die sogenannte Hirnanhangdrüse eine besondere Art von Hormonen aus. Diese Hormone werden über das Blut in andere Teile deines Körpers gespült. Vor allem in deinen Eierstöcken befehlen sie: »Hey! Stellt schnell jede Menge Geschlechtshormone her! Dieses Mädchen soll erwachsen werden!« So beginnt der Körper Östrogen zu produzieren ... und in dir beginnt die Uhr der Pubertät zu ticken.

E-Mails des Körpers

Hormone sind winzig kleine Botenstoffe. Der Körper stellt sie in Drüsen selbst her. Dann schickt er sie über das Blut zu den Stellen, wo sie gebraucht werden. Dort geben die Hormone dem Körper wichtige Befehle.

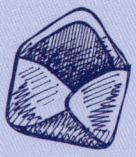

Wie wirke ich auf andere?

Die Hormone sorgen nicht nur dafür, dass sich dein Körper verändert. Du fühlst und denkst jetzt auch anders. Plötzlich ist dir wichtig, wie dich andere Menschen sehen. Du beginnst, einen eigenen Stil zu entwickeln, du schminkst dich vielleicht oder lässt dir eine neue Frisur einfallen.

Außerdem achtest du nun viel mehr darauf, was andere anhaben und wie sie sich verhalten. Das war dir bisher ziemlich egal. Aber in der Pubertät vergleichst du dich gerne mit den Menschen, die dich umgeben.

Die Sache mit der Liebe

Die Hormone in deinem Körper sorgen sogar dafür, dass dir jetzt plötzlich wichtig wird, was dein Schwarm von dir hält. Dauernd fragst du dich: Findet er oder sie mich cool? Mag er oder sie mein Lachen? Wann fragt mich der Mensch meiner Träume, ob wir zusammen Eisessen gehen?

Die Pubertät ist also eine spannende Zeit. Du brauchst vor ihr keine Angst zu haben. Denn mal ehrlich: Wer wird sich schon von winzigen Hormonen ärgern lassen! Und die Sache mit der Liebe wird auch noch ganz lustig ...

Autsch! Ich bekomme einen Busen!

Spürst du jetzt manchmal, dass deine Brüste wehtun? Vielleicht, wenn dir beim Sport ein Ball dagegenprallt? Oder wenn du im Bett auf dem Bauch liegst? Herzlichen Glückwunsch – du bekommst einen Busen!

Wie die Brüste wachsen

Zuerst werden deine Brustwarzen größer. Die Haut darum herum wölbt sich nach außen und wird dunkler. Schließlich beginnt der Busen selbst zu wachsen. Dabei kann es sogar passieren, dass eine Brust schneller wächst als die andere. Doch spätestens am Ende der Pubertät sind beide Brüste fast gleich groß (ganz gleich sind sie nämlich bei den allerwenigsten Frauen!).

AUTSCH! Wenn die Brüste wachsen, sind sie sehr empfindlich. Sie schmerzen bei Berührungen, fast so, als hättest du einen blauen Fleck. Sobald dein Busen ausgewachsen ist, tut er aber nicht mehr weh.

Wozu ist ein Busen überhaupt gut?

Der Busen ist ein Zeichen dafür, dass du zur Frau wirst. Die Hormone lassen deinen Körper jetzt weiblicher werden.
Aus dem Busen kommt später die Milch für ein Baby. Das passiert aber nur, wenn eine Frau ein Baby geboren hat. Und sobald das Kind groß genug ist und keine Muttermilch mehr trinkt, hört die Brust auf, Milch herzustellen. Kein Baby – keine Milch.

Doofe Sprüche – nervige Blicke

Jungs bekommen keinen Busen. Ob manche deshalb die Brüste der Mädchen so aufregend finden und doofe Sprüche darüber machen? Du hast zwei Möglichkeiten, darauf zu reagieren. Wähle die, die zu dir passt.

- ☆ Wenn du sehr selbstbewusst bist:
  Sage mit ruhiger Stimme: »Stopp! Solche Sprüche mag ich nicht. Ich lästere ja auch nicht über dich.«
- ☆ Wenn du nicht ganz so mutig sein willst:
  Tue so, als würdest du die Sprüche nicht bemerken. Das ist besser, als wütend zu werden oder zu heulen. Wenn du dich nicht ärgerst, verlieren die anderen bald die Lust. Und wenn es dir sehr stinkt – bestimmt hilft es dir, mit deiner besten Freundin darüber zu reden. Geteiltes Leid ist halbes Leid.

Kein Busen ist zu klein!

Gerade in der Pubertät beschäftigt viele Mädchen die Größe ihrer Oberweite. Sie freuen sich, einen Busen zu bekommen – und möglichst groß werden soll er auch! Aber es gibt keinen zu kleinen Busen. Kleine Brüste sind genauso schön und »funktionstüchtig« wie große. Wie groß oder klein dein Busen werden wird, kannst du auch gar nicht beeinflussen. Es ist von Geburt an festgelegt. Deine Brüste wachsen übrigens, bis du etwa 18 Jahre alt bist. Da wird sich also noch einiges verändern.

Cool! Mein erster BH!

BH ist die Abkürzung für Büstenhalter. Ein BH soll deine Brüste also halten, stützen und formen.
Viele Mädchen können es gar nicht erwarten, endlich einen BH tragen zu dürfen. Denn erst mit ihm fühlen sie sich richtig erwachsen. Aber mal ehrlich – ob das wirklich von diesem Stückchen Stoff abhängt?

Ab wann brauche ich einen BH?

Solange dein Busen noch nicht allzu groß ist, brauchst du keinen BH. Aber vielleicht fühlst du dich wohler, wenn deine wachsenden Brüste geschützt sind. Dann kannst du, besonders beim Sport, ein Bustier (gesprochen: Büstjee) tragen.

Welche BH-Form passt zu mir?

In den Geschäften findest du eine riesige Auswahl an BHs. Welche Form du dir aussuchst, hängt davon ab, ob du deinen Busen betonen möchtest oder lieber nicht.

- Bustiers stützen den Busen, ohne ihn zu betonen. Sie sind aus elastischem Stoff und liegen eng an.
- Push-up-BHs und Bügel-BHs machen mehr aus einem Busen. Ihre Körbchen sind wattiert oder sogar mit Gelkissen verstärkt. Wer möchte, kann damit ein bisschen schummeln.

Und ob du gerne Spitzen- oder Rüschen-BHs trägst – auch das ist deine ganz persönliche Entscheidung!

Blitztipp

BHs gibt es in vielen Farben. Knallige und dunkle Farben schimmern unter hellen Tops durch. Wenn du das nicht möchtest, wähle lieber einen BH in Hautfarbe.

Wie finde ich die richtige Größe?

Du kannst versuchen, zu Hause mit einem Maßband deine BH-Größe festzustellen. Dafür gibt es gute Anleitungen im Internet. Gib als Suchbegriff einfach »BH-Größen« ein.

Statt die BH-Größe zu berechnen, ist es allerdings leichter, sie durch Anprobieren im Geschäft herauszufinden. Denn mit BHs ist es wie mit Jeans: Selbst wenn sie deine Größe haben, sitzen sie unterschiedlich gut.

Bestimmt hilft dir jemand, den du magst, gerne, den richtigen BH für dich zu finden. In guten Geschäften wirst du außerdem von freundlichen Verkäuferinnen beraten. Es gibt BHs in jeder Größe. Also ist auch für dich das Passende dabei!

So sitzt er perfekt

Bei einem guten BH lassen sich Schulterträger und Rückenteil zur Feinabstimmung verstellen.

- ☆ Unter dem Rückenteil sollten noch zwei Finger Platz haben.
- ☆ Die Schulterträger sollen nicht in die Haut einschneiden, aber auch nicht ständig von den Schultern rutschen.

Igitt! Ich müffel wie ein Büffel!

Deine Haut besitzt etwa zwei Millionen Schweißdrüsen. Durch die Hormone werden sie in der Pubertät viel aktiver als früher. Dein Schweiß enthält jetzt nämlich zusätzlich einen ganz besonderen Duft – und zwar, um Partner oder Partnerinnen anzulocken!
Die Sache mit diesen Sexuallockstoffen hat über Jahrmillionen auch ohne Probleme funktioniert. Die Fortpflanzung war gesichert. Heute ist das ein wenig anders. Natürlich schnuppern Verliebte unbewusst immer noch gerne diesen besonderen Duft. Aber den Schweißgeruch, den du ohne Waschen verströmst, mag niemand mehr gerne riechen.

Frischer Schweiß stinkt nicht – erst wenn ihn Bakterien zersetzen, beginnt er zu müffeln.

Dufte Geruchskiller

Das tägliche Duschen ist für dich jetzt vielleicht wichtig, um dich wohl zu fühlen. Es gibt sehr gute Duschmittel, die deine empfindliche Haut schonen – und welche, die nach Schokolade duften, wenn du das magst. Nach dem Duschen solltest du ein mildes Deo verwenden. Auch hier hast du eine riesige Auswahl. Es gibt Cremes, Sticks, Roller und Sprays. Preiswerte Deos schützen übrigens genauso gut wie teure! Vielleicht hast du sogar Lust, dein Deo selbst herzustellen? Im Internet gibt es dazu viele Anleitungen. Und du kannst die Zutaten wählen, die deine Haut verträgt.

Deodorant? Transpirant? Was ist der Unterschied?

Deodorants wirken antibakteriell. Sie sorgen dafür, dass die Bakterien deinen Schweiß nicht zersetzen.

Transpirants verengen zusätzlich die Schweißdrüsen, damit du weniger schwitzt. Ihre Wirkstoffe können die Haut unter den Achseln stark austrocknen. Sie beginnt zu jucken und entzündet sich. Dann hilft nur, auf ein milderes Produkt umzusteigen.

Blitztipp

Schnuppere morgens an bereits getragenen Oberteilen, ob du sie noch weiter anziehen kannst. Unterwäsche solltest du täglich wechseln.

Hilfe, ich schwitze bei Stress!

Viele junge Menschen schwitzen, wenn sie etwas Aufregendes erleben. Zum Beispiel während einer Klassenarbeit oder beim ersten Date mit dem Schwarm. Dann sind dunkle Flecken unter den Achseln natürlich sehr peinlich.

- ☆ Trage Oberteile, die nicht zu eng am Körper anliegen.
- ☆ Wähle Farben und Stoffe, auf denen man Feuchtigkeit nicht so stark sieht (zu Hause mit Wasser testen). Gut sind gemusterte Oberteile, die Flecken »verstecken«.
- ☆ Trage Kleidung aus Baumwolle. In synthetischen Stoffen wie Polyester und Polyacryl schwitzt du noch stärker.

Hilfe! Wie bekämpft man einen Urwald?

Am wohlsten fühlen sich Hautbakterien in der Schamgegend und unter den Achseln, weil es dort schön warm und feucht ist. Und genau dort beginnen in der Pubertät Härchen zu sprießen. Diese Haare sind nicht unhygienisch. Trotzdem wollen viele Mädchen etwas dagegen unternehmen. Sie finden es einfach schöner, enthaart zu sein.

Enthaaren oder nicht: Das ist deine eigene Entscheidung. Lass dich von niemandem dazu überreden, wenn du es nicht möchtest.

Mit welchen Mitteln kann ich die Haare entfernen?

Um den »Urwald« unter den Achseln, in der Bikinizone oder an den Beinen zu entfernen, gibt es verschiedene Methoden. Sei besonders in der Bikinizone sehr vorsichtig und sanft!

☆ Enthaarungscreme: Eincremen – warten – abspülen. Ganz einfach. Die Creme enthält eine chemische Verbindung, die Härchen löst. Nach etwa zehn Tagen wachsen neue Härchen.

Achtung, Allergien! Teste die Creme zuerst in der Armbeuge. So kannst du sehen, ob du das Mittel verträgst oder davon einen Ausschlag bekommst.

- Nassrasierer plus Rasierschaum: Der Schaum macht die Haut vor dem Rasieren schön weich. Rasiert wird gegen die Richtung, in der die Haare wachsen. Wichtig sind frische Klingen, damit du dich nicht so leicht schneidest. Neue Haare wachsen schon nach zwei Tagen.

- Ladyshaver: Der elektrische Rasierapparat ist nicht so gründlich wie ein Nassrasierer. Dafür schneidest du dich nicht so leicht.

- Wachs: Die Wachsschicht wird auf der Haut aufgetragen und dann mit einem Ruck abgezogen. So, als würdest du ein Pflaster entfernen. Und genauso kräftig ziept es auch. Aber dafür hast du vier Wochen lang Ruhe vor lästigen Härchen.

- Epiliergerät: Es sieht aus wie ein Rasierapparat. Kreisende Teile reißen die Härchen aus. Also ziept auch diese Methode. Der Lohn: Erst nach vier Wochen wachsen wieder neue Härchen.

- Dauerhafte Haarentfernung mit Licht: Für diese Methode braucht man ein elektrisches Gerät, das ziemlich teuer ist. Es lohnt sich nur, wenn sich auch andere in deiner Familie damit Härchen entfernen möchten. Die Werbung verspricht, dass nach drei bis vier Anwendungen nur noch halb so viele Härchen wachsen ...

Und danach?

Gleich nach der Behandlung sollte deine Haut nicht mit Deo, Bodylotion, Parfüm oder Sonnenlicht in Kontakt kommen. Am besten entfernst du die Härchen abends. Dann kann sich deine Haut über Nacht erholen.

Ätzend! Ein Pickel!

Ein Pickel? An manchen Tagen fühlst du dich wie ein ganzer Streuselkuchen – und würdest am liebsten gar nicht aus dem Haus gehen!
Ausgerechnet jetzt, in der Pubertät, wo du eigentlich besonders hübsch sein möchtest, entstehen Pickel und Mitesser sehr oft. Die Veranlagung zu Pickeln erbt man übrigens zum Teil von den Eltern. Frag sie doch mal, ob sie während der Pubertät auch wie ein Streuselkuchen ausgesehen haben.

Warum bekomme ich Pickel?

Schuld sind wieder Hormone. Sie regen deine Haut jetzt an, mehr Talg zu bilden. Diese fettige Substanz hält die Haut geschmeidig. Aber zu viel Talg verstopft die Haarfollikel. Sie entzünden sich – und es entstehen nervige Pickel. Die meisten Pickel hat man im Gesicht, auf der Brust und am Rücken, weil dort viele Talgdrüsen sitzen.

Reinigung und Pflege

Reinige die Haut jeden Tag mit lauwarmem Wasser und einer milden Seife oder Reinigungsmilch. Bei fettiger Haut helfen auch wöchentliche Peelings, die Hautschüppchen abrubbeln und die Poren frei machen. Anschließend kannst du die Haut mit einem Gesichtswasser abtupfen, um sie zu beruhigen. Dann noch eine leichte Tagescreme – fertig.
Pflegeprodukte für die Haut gibt es massenhaft. Doch eigentlich sind sie nicht nötig. Sie kosten viel Geld und schaden der Haut oft mehr, als sie nützen. Wenn deine Pickel ein großes Problem werden, gehe lieber zum Hautarzt. Er verschreibt dir ein Pflegeprogramm, das hilft.

Blitztipp

Ein getönter Abdeckstift ist super, um einzelne Pickel zu verstecken – versuch's mal, wenn du möchtest.

Darf ich Pickel ausdrücken?

Von roten runden Knubbeln solltest du die Finger lassen. Durch das Drücken würde sich der Eiter in der umliegenden Haut verteilen – und der Pickel wird noch schlimmer. Später können sich sogar Narben bilden. Wenn der Pickel dagegen »reif« ist, kannst du den gelben Eiterkopf mit leichtem Druck öffnen. Saubere Finger, saubere Taschentücher und Gesichtswasser helfen, dass die Wunde rasch abheilt.

Supersanft und wirksam: Gesichtssauna

Fülle eine Schüssel mit heißem Wasser. Dazu gibst du drei Beutel Kamillenblütentee. Halte dein Gesicht über den Dampf und lege ein Handtuch über deinen Kopf. Nach zehn Minuten werden die Poren weich und Pickel öffnen sich schneller. Die Kamille lässt Entzündungen abklingen.

Test

Welchen Hauttyp habe ich?

Wasche dein Gesicht, ohne es anschließend einzucremen. Wie fühlt sich die Haut nach einer Stunde an?

Normale Haut: Sie fühlt sich weich an, ohne zu glänzen.
Mischhaut: Besonders Nase und Stirn sind wieder fettig.
Fettige Haut: Das ganze Gesicht glänzt.
Trockene Haut: Sie spannt, ist gerötet und rau.

SOS! Fettige Haare!

Deine Talgdrüsen produzieren jetzt nicht nur im Gesicht mehr Fett, sondern leider auch auf dem Kopf. Deshalb werden in der Pubertät die Haare schrecklich schnell fettig.

Was kann ich dagegen tun?

Gegen fettige Haare gibt es zum Glück viele sehr gute milde Shampoos, flüssige oder feste Sorten. Wenn du möchtest, kannst du deine Haare jeden Tag waschen, um dich wohler zu fühlen.

Blitztipp

Verwende höchstens eine walnussgroße Menge Shampoo. Zu viel Shampoo trocknet das Haar aus. Nach dem Waschen bekommen deine Haare mehr Fülle, wenn du sie über Kopf föhnst.

Es schneit – Schuppenalarm!

Die weißen Teilchen, die so weihnachtlich aus deinen Haaren rieseln, sind verhornte Zellschuppen der Kopfhaut. Schuppen können viele Ursachen haben. Auch dagegen gibt es gute Shampoos.

Was ist Spliss?

Dein Haar wächst im Jahr ungefähr 15 Zentimeter. Je länger Haare sind, desto älter sind sie also und desto dünner werden sie. Vor allem an den Spitzen spalten sich die Haare. Dagegen hilft, alle drei Monate einen Zentimeter abschneiden zu lassen.

Test

Ist mein Haar gesund?
Lege ein paar saubere, geknäulte Haare in ein Glas Wasser. Gesundes Haar schwimmt länger als eine Minute auf der Oberfläche. Kaputtes Haar saugt sich dagegen schnell mit Wasser voll und sinkt.

Wofür sind Haarkuren gut?

Es gibt Kuren gegen alle möglichen Haarprobleme. Egal, ob du feines, mattes oder strähniges Haar hast. Kuren machen aber nur Sinn, wenn dein Haar wirklich geschädigt ist. Zu viele Kuren machen Haare dagegen zu weich – dann hängen sie nur noch schlaff herunter. Der Fachmann sagt dazu: »Sie sind überpflegt.«

Das mögen Haare nicht

Haare haben eine feine äußere Hülle, die sie schützt. Föhnen, Färben, raue Bürsten, Sonne und Wind schädigen diese Hülle. Die Haare werden strohig. Außerdem solltest du die Finger von Haargummis mit Metallverschluss lassen, denn Metall reibt an der Schutzschicht.

Es ist übrigens ganz normal, dass du jeden Tag etwa 80 bis 100 Haare verlierst. Viel Spaß beim Zählen!

Hoppla! Woher kommt das Blut?

Einige Monate nachdem Busen und Schamhaare zu wachsen begonnen haben, passiert etwas, das viele Mädchen verwirrt: Sie entdecken im Slip einen weißlichen Ausfluss. Und immer öfter mischen sich kleine Blutflecken darunter. Doch keine Sorge, wenn es bei dir so weit ist. Das alles sind Zeichen dafür, dass du erwachsen wirst. Dein Körper bereitet sich auf die erste Regel vor. Es ist ein normaler Vorgang – und zeigt, dass du gesund bist.

Regel? Monatsblutung? Tage? Menstruation? Periode?

Diese Wörter meinen alle dasselbe. Man versteht darunter eine Blutung, die einmal im Monat aus der Scheide fließt. Das Blut, das manchmal auch kleine Klümpchen enthalten kann, kommt aus der Gebärmutter.

Wozu ist das Bluten gut?

In der Gebärmutter bildet sich jeden Monat eine feste Blutschicht. Sie könnte ein Baby mit Nahrung versorgen. Wenn man nicht schwanger ist, wird diese Schleimhaut einmal im Monat abgestoßen und dann durch eine neue ersetzt.

Was ist der Monatszyklus?

Das Wort »Zyklus« bedeutet, dass sich etwas ständig wiederholt. Der erste Tag deiner Blutung ist der erste Tag des Monatszyklus. Bis zum ersten Tag der nächsten Blutung vergehen dann ungefähr 24 bis 30 Tage.

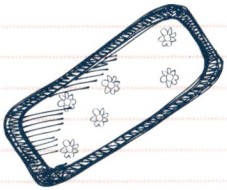

Blitztipp

Damit du dich sauber und trocken fühlst, kannst du jeden Tag Slipeinlagen tragen. Sie sind sehr dünn und fallen nicht auf.

Wie lange dauert meine Regel?

Die Blutung dauert bei manchen Mädchen nur zwei Tage, bei anderen eine ganze Woche lang. In den ersten Tagen ist sie am stärksten, dann wird sie immer schwächer.
Die ersten Blutungen kommen noch sehr unregelmäßig. Erst nach ein paar Monaten liegen zwischen zwei Blutungen ziemlich gleiche Abstände.

☆ Meine erste Periode hatte ich am ..... .

☆ Meine Periode dauert ungefähr ..... Tage.

☆ Mein Monatszyklus beträgt ..... Tage.

Trage die Tage deiner Regel am besten in einen Kalender ein. So erkennst du bald deinen eigenen Abstand zwischen den Blutungen – und du kannst leicht ausrechnen, wann die nächste Periode kommen wird.

Doofe Tage vor den Tagen

Ein paar Tage vor der Regel regst du dich vielleicht schon über Kleinig-keiten auf, bist traurig oder unsicher. Dieses Phänomen nennt man Prämenstruelles Syndrom – kurz PMS. Auf der nächsten Seite findest du Tipps, was dir dann guttun könnte.

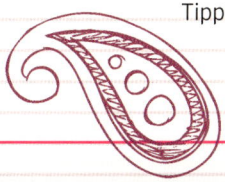

So überstehst du deine Tage

Richtig super fühlt sich wohl kaum ein Mädchen während seiner Tage. Wahrscheinlich bist du auch ein bisschen schlapper als sonst und hast vielleicht sogar Kopfschmerzen. Viele Mädchen spüren vor und während der Periode zudem ein schmerzhaftes Ziehen im Unterleib. Um das alte Blut loszuwerden, muss sich die Gebärmutter nämlich zusammenziehen. So entstehen Krämpfe. Bauchweh und Rückenschmerzen sind lästig – aber normalerweise wirklich kein Grund zur Sorge und vollkommen natürlich.

Geheimwaffen gegen Krämpfe!

Tipp 1: Eine kuschelige Wärmflasche auf dem Bauch entspannt die verkrampfte Muskulatur.

Tipp 2: Ein Kräutertee mit Schafgarbe wirkt Wunder.

Tipp 3: Treibe regelmäßig Sport. Bewegung tut deinem Unterleib gut.

Tipp 4: (nur, wenn Tipp 1 bis 3 wirklich nicht helfen!): In der Apotheke berät man dich gerne, welche Medikamente den Schmerz stillen und die Krämpfe lösen.

Und was ist mit Sport?

Es spricht nichts gegen Sport. Bewegung kann sogar helfen, die Krämpfe zu lösen. Wenn du dich während deiner Tage sehr schlapp fühlst, solltest du dich allerdings lieber schonen.

Blitztipp

Deine Periode kann manchmal überraschend kommen. Steck dir immer einige Binden oder Tampons in die (Schul-)Tasche.

Binden, Tampons oder Tasse?

Welche Methode du verwenden willst, hängt davon ab, womit du dich am wohlsten fühlst. Insgesamt fließt während einer Regel übrigens nur rund 50 ml Blut nach außen. Das ist der Inhalt einer Espressotasse.

Binden werden einfach im Slip eingelegt. Du siehst immer, wann du sie wechseln musst. Ein Nachteil ist, dass Blut an der Luft anfängt, unangenehm zu riechen. Es gibt aber auch Binden, die den Geruch »einschließen«.

Tampons werden in die Scheide geschoben und saugen dort das Blut auf. Manche Mädchen spüren Tampons kaum, andere finden sie unangenehm. Aus der Scheide baumelt nur ein kleiner Faden heraus. An ihm zieht man den vollgesogenen Tampon wieder heraus.

Menstruationstassen sind aus weichem Silikon und wie eine Tulpenblüte geformt. Es gibt sie in verschiedenen Größen, Farben und Weichheitsgraden. Die Tasse wird zusammengefaltet und in die Scheide eingeführt. Dort öffnet sie sich und fängt das Blut auf. Je nach Stärke der Blutung wird die Tasse nach vier bis acht Stunden an einem kurzen Griff herausgezogen und in die Toilette entleert. Dann wird sie am Waschbecken ausgewaschen und neu eingesetzt. Es entsteht also kein Müll. Auf alle Zyklen einer Frau berechnet spart die Menstruationstasse bis zu 17 000 Tampons oder Binden!

Mit welcher Methode du dich am wohlsten fühlst? Probier es einfach aus. Gerade bei der Menstruationstasse sind mehrere Zyklen nötig, um die Anwendung zu lernen. Und bei sehr jungen Mädchen können der Scheideneingang und die Scheide noch zu eng dafür sein. Sie hat aber gegenüber Tampons den Vorteil, dass sie die Scheide nicht austrocknet.

Wohin mit Binden und Tampons?

Binden und Tampons müssen etwa vier- bis fünfmal am Tag gewechselt werden. Wickle sie in Toilettenpapier, bevor du sie in den Abfalleimer wirfst. Und entsorge sie bitte nie über die Toilette. Binden und Tampons saugen sich dick mit Wasser voll und verstopfen den Abfluss!

Chaos im Teenie-Hirn

Du spürst jetzt nicht nur, dass sich dein Körper verändert. Du fühlst dich auch anders. Mal bist du fröhlich, dann wieder traurig oder sauer – und manchmal bist du alles gleichzeitig.
Für deine Umgebung ist das ein bisschen so, als gäbe es dich zweimal. Deshalb ist die Adoleszenz auch für Erwachsene keine einfache Zeit.

»Wo hast du bloß deinen Kopf?«

Das fragen dich Erwachsene in letzter Zeit wahrscheinlich häufiger. Natürlich ist dein Kopf noch dort, wo er immer war. Sie finden aber, dass du dich als Teenager anders verhältst als vorher. Du bist vergesslicher. Dein Zimmer ist ein einziges Chaos. Und manchmal machst du ziemlichen Bockmist.

»Die Kinder von heute sind Tyrannen. Sie widersprechen ihren Eltern, kleckern mit dem Essen und ärgern die Lehrer.«
So klagte der griechische Gelehrte Sokrates – schon vor 2500 Jahren!

Die gute Nachricht

Du kannst kaum etwas für deine Launen. Dein Gehirn wird während der Pubertät genauso heftig umgebaut wie der restliche Körper. Jetzt reifen im Kopf die Bereiche, die für Gefühle zuständig sind. Und sie tun, was ihre Aufgabe ist – sie stellen Gefühle her: Wut, Neugier, Trauer, Lust und Liebe.

Was passiert in meinem Hirn genau?

Das Teenagerhirn ist für Wissenschaftler noch immer ein ziemliches Rätsel. Kein Wunder also, dass du dich selbst oft nicht verstehst. Man weiß aber, dass die Aktivitäten deiner einzelnen Hirnregionen jetzt sehr schnell kippen können.

Die Bereiche im Hirn, die Gefühle herstellen, reifen in der Pubertät sehr schnell. Die Bereiche, mit denen du deine Gefühle kontrollieren kannst, entwickeln sich dagegen langsamer. In dir entstehen also schon ganz starke Gefühle wie Liebe oder Wut. Aber du kannst sie noch nicht richtig kontrollieren. Genau das macht dich jetzt so unberechenbar – sogar für dich selbst.

Achtung, Gefahr!

Das Kontrollzentrum im vorderen Teil des Hirns ist erst mit 20 Jahren ausgereift. Dadurch ist dein Leben während der Pubertät ziemlich gefährlich. Denn du lässt dich leichter auf Abenteuer ein.

Deine Gefühlszentrum brüllt zum Beispiel: »Ich will in den Club!!!!«

Doch dein Kontrollzentrum warnt nur leise: »Tu es nicht ...«

Also springst du nachts heimlich vom Balkon. Und probierst im Club Alkohol aus. Und lässt dich von einem total bekifften Typen abschleppen. Und drehst auf seinem Motorrad ohne Führerschein und Helm 'ne Runde durch die Stadt ...

Halt! Stopp! Das war natürlich gerade nur ein böser Traum. DU tust das alles nicht! Oder...?

Was hilft gegen miese Laune?

Die Welt ist mal wieder so ungerecht zu dir! Niemand versteht dich! Und du selbst findest dich auch gerade ungenießbar.

Um dich wieder besser zu fühlen, kannst du jedoch einiges tun. Für welche Möglichkeiten entscheidest du dich?
Du ...

❍ ★ streitest dich mit deinen Eltern.
❍ ♥ rockst zu lauter Musik durch dein Zimmer.
❍ ✱ schreibst dir deine Sorgen von der Seele.

❍ ♥ verprügelst dein Kopfkissen.
❍ ★ stopfst eure Katze in die Waschmaschine.
❍ ✱ schaust dir einen lustigen Film an.

❍ ✱ heulst deinem Lieblingskuscheltier die Ohren voll.
❍ ♥ wirbelst mit ausgestreckten Armen im Kreis herum.
❍ ★ versteckst dich stundenlang im Keller.

❍ ✱ trinkst warmen Kakao.
❍ ★ rennst zum Bahnhof und fährst ganz weit weg.
❍ ♥ joggst dreimal um den Häuserblock.

❍ ★ kippst deinem Bruder Salz in den Kakao.
❍ ✱ schläfst ein Stündchen.
❍ ♥ zerfetzt eine alte Zeitung in klitzekleine Fitzelchen.

❍ ♥ gehst zum Schwimmen.
❍ ✱ rufst deine Freundin an.
❍ ★ streamst heimlich die neueste Serie.

Überwiegend ★: Deine Familie hat gerade viel »Spaß« mit dir.
Aber gegen schlechte Laune hilft es nicht, andere zu ärgern oder ihnen Sorgen zu bereiten. Versuche in Zukunft, dich von außen zu betrachten, wenn du dich mal wieder richtig mies fühlst. Du wirst sehen, wie albern vieles ist, was »die andere« da anstellen will.

Überwiegend ✱: Schon besser.
Es tut immer gut, sich ein bisschen zu verwöhnen. Ganz wichtig ist es auch, deinen Kummer mit anderen zu teilen. Mit einem Blatt Papier, mit deinem Kuscheltier, mit eurem Haustier oder am besten mit deiner Freundin. Reden hilft wirklich. Es bringt nichts, Frust in sich hineinzufressen.

Überwiegend ♥: Blitztipp Bewegung!
Du hast völlig recht: Gegen das Chaos in deinem Hirn hilft am schnellsten Bewegung. Also raus an die frische Luft und austoben! Am besten treibst du regelmäßig Sport. Dann bekommst du erst gar keine miese Laune!

Die Sache mit der Liebe

Sind Jungs Spätzünder?

In deiner Klasse sind bestimmt schon Mädchen, bei denen du siehst, dass sie in der Pubertät sind. Ist dir schon aufgefallen, wie kindlich die meisten Jungen dagegen noch wirken? Jungen kommen im Durchschnitt nämlich fast zwei Jahre später in die Pubertät als Mädchen.

Was passiert bei den Jungs?

Jungen verändern sich während der Pubertät ganz anders als Mädchen. Statt runden Kurven bekommen sie eher Muskeln. Statt einem Busen wachsen ihnen Haare auf der Brust. Und Jungs bekommen keine Periode – aber einen Bart.

Was sonst noch wächst ...

Besonders wichtig ist für die Jungen, dass in der Pubertät ihre beiden Hoden und der Penis wachsen. Die endgültige Größe des Gliedes sagt übrigens nichts darüber aus, ob ein Mann später Kinder zeugen kann oder beim Sex viel Spaß hat. Das funktioniert auch sehr gut mit einem kleinen Penis.

Was ist eigentlich Sperma?

Beim Sex haben Jungen einen Samenerguss. Dieses Sperma sieht aus wie eine Portion Haargel – und klebt auch so. Es besteht vor allem aus Samenzellen (Spermien). Sie sind für das Zeugen eines Kindes wichtig. Der Rest des Spermas ist Flüssigkeit. Wenn ein Junge erregt ist, wird sein Glied groß und steif. Dadurch schließt sich die Harnröhre. So kann kein Urin ins Sperma gelangen.

Testosteron
Das Geschlechtshormon, das die Jungen männlicher werden lässt, heißt Testosteron. Es wird in ihren Hoden gebildet. Sportler, die bei Wettkämpfen unbedingt siegen wollen, nehmen manchmal Testosteron als Medikament ein. Es macht den Sportler nicht nur fitter, sondern auch aggressiver. Dieses Doping ist natürlich nicht erlaubt.

Verflixter Stimmbruch!

In der Pubertät wird die Stimme der Jungen tiefer. Männliche Geschlechtshormone lassen den Kehlkopf größer werden und die Stimmlippen verlängern sich. Während dieser Umstellung kann es passieren, dass sich die Stimme beim Sprechen überschlägt. Dieses hohe Kieksen ist ganz normal – und trotzdem ist es Jungs manchmal furchtbar peinlich.

Jungen fühlen sich in der Pubertät genauso unsicher wie Mädchen. Sie leiden unter Pickeln, fettigen Haaren – und darunter, dass Mädchen über sie lachen. Also – bitte nicht kichern!

Jeder tickt anders

Mädchen und Jungen unterscheiden sich im Körperbau. Das kann jeder von außen gut erkennen. Aber: Wie sieht es in ihnen aus? Wie unterscheiden sich Mädchen und Jungen in ihren Gefühlen und ihrem Verhalten? Und – tun sie das überhaupt?

SO COOL!

Unterschiedlicher Körperbau

Aus dem Körperbau eines Menschen ergibt sich in der Regel die äußere Zugehörigkeit zu einem bestimmten Geschlecht. Schon dadurch entwickelst du als Mädchen häufig auch eine innere Zugehörigkeit zu »deiner« Gruppe. Du verhältst dich so, wie es von Mädchen erwartet wird. Und Jungs verhalten sich wie Jungs. Ab der Pubertät wird dieser Unterschied noch größer, weil in Mädchen und Jungen die Hormone in unterschiedlicher Konzentration wirken. Auch Mädchen bilden das »männliche« Hormon Testosteron. Aber in viel kleinerer Menge.

Typisch Mädchen? Typisch Junge?

Sicher hast du schon gehört, dass jemand sagt: »Das ist ein typischer Junge.« Oder: »Typisch Mädchen!« Es gibt also viele Vorurteile darüber, wie Mädchen und Jungen »typischerweise« sind.

- ☆ **mutig**
- ☆ **ängstlich**
- ☆ **aggressiv**
- ☆ **überschätzen sich**
- ☆ **einfühlsam**
- ☆ **schreiben schöner**
- ☆ **rücksichtlos**
- ☆ **machen gerne Kampfsport**
- ☆ **zickig**
- ☆ **brav**
- ☆ **schwach**
- ☆ **musizieren**
- ☆ **schreien ihre Wut raus**

Welche Eigenschaften sind für dich typisch Mädchen oder typisch Junge? Oder können diese Eigenschaften nicht doch für alle Geschlechter zutreffen?

Zwischen Mädchen und Jungen gibt es viel mehr Gemeinsamkeiten als Unterschiede.

Keine Schubladen!

Beobachte dich selbst und die Menschen in deiner Umgebung. Du wirst merken, dass jeder anders tickt, dass es keine Schubladen gibt. Du selbst bist vielleicht laut und wild. Und du kennst Jungs, die gerne über ihre Gefühle sprechen. Oder du entdeckst, dass einige Dinge für dich doch irgendwie »typisch Mädchen« oder »typisch Junge« sind. Hauptsache, du bildest dir deine eigene Meinung!

Alles ist normal

Mädchen und Jungen unternehmen in der Pubertät gerne etwas gemeinsam, um sich besser kennenzulernen. Sie gehen zum Beispiel zusammen schwimmen, tauchen sich gegenseitig unter und berühren sich dabei. Wenn du aber gerade jetzt nur mit deinen Freundinnen zusammen sein möchtest, ist das genauso normal und gut. Auch viele Jungs halten besonders am Anfang der Pubertät lieber Abstand zum anderen Geschlecht.

Im Durchschnitt ...

Wissenschaftteams finden bei ihren Forschungen durchaus Unterschiede im Verhalten von Mädchen und Jungen. Zum Beispiel bei der Nutzung des Internets. Während Jungs im Durchschnitt lieber mit Freunden vor dem neuesten Game hängen, verbringen Mädchen im Durchschnitt mehr Zeit mit Chatten. Das »im Durchschnitt« ist also wichtig. Es heißt, dass viele Mädchen gerne chatten, aber eben nicht alle. Mach einfach, was dir Spaß bringt!

Total verknallt!

Bisher hast du viele Menschen einfach nett gefunden. Doch plötzlich entdeckst du den Menschen deiner Träume und hast Schmetterlinge im Bauch und Beine wie Kaugummi, wenn du ihn siehst. Ganz klar – du bist zum ersten Mal verliebt!

Achterbahn der Gefühle

Du betrachtest Menschen jetzt anders. Und du erlebst Gefühle, die du bisher nicht gekannt hast. Das ist manchmal verwirrend, aufregend, nervig – und einfach nur wunderschön.

So merkst du, dass du dich verliebt hast

- ☆ Du denkst immerzu an deinen Schwarm.
- ☆ Du bist traurig, wenn er nicht da ist.
- ☆ Du bekommst Herzklopfen, wenn er in deiner Nähe ist.
- ☆ Du wirst knallrot, wenn er etwas zu dir sagt.
- ☆ Du bist sauer, wenn er mit anderen flirtet.

Man sollte sich niemandem aufdrängen. Lieblingsmenschen kommen von alleine ...

Was soll ich tun?

Am besten: Erst mal tief durchatmen. Und bloß nichts überstürzen. Stell dir vor, du gestehst einem anderen Menschen, was du für ihn empfindest – und er sagt dir, dass er dich nur mag! Das wäre ziemlich peinlich, oder? Beobachte den Menschen deiner Träume lieber noch ein bisschen. Sei einfach weiter nett. Vielleicht erhältst du dann ein Zeichen, dass auch er dich sehr gerne hat. Oder du merkst, dass er doch nicht so total süß ist, wie du dachtest ...

Blitztipp (für Mutige)
Du willst unbedingt wissen, ob sich dein Schwarm für dich interessiert?
Dann frage mal ganz nebenbei: »Sag mal, so allgemein, könntest du dir vorstellen, schon eine Freundin zu haben?« Wenn dein Lieblingsmensch nur mit den Achseln zuckt oder gähnt, sieht es für dich (noch) nicht so gut aus.

Der Mensch deiner Träume

Vielleicht hast du in deinem Freundeskreis noch niemanden entdeckt, der dein Herz erobern könnte. Das ist völlig normal und kein Grund zur Sorge: Irgendwann begegnest auch du dem Menschen deiner Träume.

Wie sollte dein Lieblingsmensch aussehen?

- ☆ Augenfarbe .....
- ☆ Haarfarbe .....
- ☆ Haarlänge .....
- ☆ Größe .....

Ob du dich einmal in so einen »Traumtyp« verliebst?

Wahrscheinlich nicht. Denn um einen Menschen zu mögen, müssen dir auch seine Stimme, sein Geruch und seine Bewegungen gefallen.
Am schönsten ist, wenn dich jemand zum Lachen bringen kann und du dich in seiner Nähe rundherum wohlfühlst – das klappt meist nicht, wenn der Mensch bloß super aussieht ...

Welcher Mensch passt zu mir?

Weißt du schon, wie der Mensch sein muss, der zu dir passt? Hier sind Fragen, die dir helfen, dich selbst besser kennenzulernen. Denn wer weiß, wie er selbst ist, weiß auch, welcher Typ zu ihm passt!

Was schenkst du deiner besten Freundin zum Geburtstag?

❍ ✱ Weiß noch nicht. Vielleicht ein Plüschtier?
❍ ♥ Einen Gutschein für einen Ausflug ins Eislaufstadion.
❍ ★ Einen bunten, selbst gestrickten Schal.

Ihr lest im Deutschunterricht eine Geschichte. Kurz vor dem Ende ertönt der Schulgong.

❍ ★ Du überlegst, wie die Geschichte weitergehen könnte.
❍ ♥ Du bist froh, endlich raus an die frische Luft zu können.
❍ ✱ Du zeigst deiner Freundin dein neues Glücksarmband.

Was nimmst du auf eine einsame Insel mit?

❍ ♥ Badesachen und Proviant
❍ ★ Taschenmesser und Werkzeug
❍ ✱ Bücher und einen Spiegel

Was möchtest du mal werden?

❍ ★ Influencerin
❍ ♥ Tierärztin
❍ ✱ Schauspielerin

Du schreibst deinem Lieblingsmenschen. Womit endet die Nachricht?

❍ ♥ Bis morgen!
❍ ✱ HDGDL!
❍ ★ Bin gespannt, wie dir mein neues Outfit gefällt!

Was machst du, wenn du deiner Katze aus Versehen auf eine Pfote getreten bist?

❍ ✱ Ich knuddele sie und flüstere ihr lauter liebe Sachen ins Ohr.
❍ ♥ Ich entschuldige mich natürlich bei meiner Katze.
❍ ★ Ich überlege, dem Tier ein Glöckchen umzuhängen. Weil das Bimmeln die Katze nerven könnte, lass ich es aber lieber.

Dein Lieblingsmensch hat plötzlich ein Handballspiel. Doch eigentlich seid ihr verabredet. Wie reagierst du?

❍ ✱ Du bist sauer.
❍ ★ Ich verabrede mich spontan mit meiner Clique.
❍ ♥ Ich gehe mit und feuere ihn an.

Deine Liebe gestehst du deinem Schwarm ...

❍ ★ ... sofort. Ich bin ja so verknallt!
❍ ♥ ... gar nicht. Ich habe Bammel vor der Antwort.
❍ ✱ ... wenn ein guter Zeitpunkt dafür gekommen ist.

Überwiegend ♥: Jemand zum Pferdestehlen

Für dich ist das Leben zum Glück nicht sehr kompliziert. Du magst nette Menschen, die mit dir zusammen Sport machen und gerne in der Natur sind. Der erste Kuss entwickelt sich bei euch bestimmt aus einer verspielten Rangelei ...

Überwiegend ✱: Traummensch gesucht

Du bist romantisch. Gegen einen Menschen, der auf einem weißen Pferd naht und dir rote Rosen schenkt, hättest du nichts einzuwenden. Im wirklichen Leben sind solche Wesen allerdings selten. Vielleicht träumst du noch ein bisschen weiter? Man soll die Hoffnung ja nie aufgeben!

Überwiegend ★: Niemals Langeweile!

Du gestaltest dir dein Leben selbst. Daher fühlst du dich am wohlsten, wenn dir dein Lieblingsmensch viel Freiraum lässt, um deinen Hobbys nachzugehen und dich mit anderen zu treffen. Du magst es auch gerne, wenn dein Freund oder deine Freundin selbst kreativ ist. Eines ist sicher: Langweilig wird es euch beiden nie!

Die Clique – und fiese Feiglinge

Niemand ist gerne alleine

Mit Freunden – egal, ob Mädchen oder Jungen – kannst du jede Menge Spaß haben, Musik hören und über aufregende Erlebnisse chatten. Du kannst deine Probleme mit ihnen teilen – und für sie da sein, wenn sie selbst Hilfe brauchen. Ein Leben ohne Freunde ist ziemlich trostlos!

Wie finde ich neue Freunde?

Vielleicht bist du gerade in eine andere Stadt gezogen. Jetzt sitzt du in der neuen Klasse und alle schauen verstohlen zu dir rüber. Um diese Situation bist du nicht zu beneiden. Und dir hilft nur eines: Lächle deine Mitschüler und Mitschülerinnen nett an. Denn nicht nur du willst gemocht werden. Auch die anderen suchen nach Anerkennung. Sei freundlich. Je natürlicher du bist, desto mehr mögen dich die anderen.

Vertrauen ist gut, aber ...

Die anderen umringen dich in der Pause und wollen alles Mögliche über dich erfahren? Das läuft ja super. Sei aber nicht zu vertrauensselig. Erzähle nichts, was dir später peinlich sein könnte, wenn es weitererzählt wird. Ein gutes Mittel gegen zu viele Fragen ist übrigens, selbst Fragen zu stellen. Erkundige dich nach angesagten Shops oder dem nächsten Club. Vielleicht bietet dann sogar jemand an, sich mit dir zu treffen, um dir alles zu zeigen.

Der beste Weg,
Freunde zu gewinnen,
ist, selber ein guter
Freund zu sein.

Freundschaften müssen wachsen

Es kommt nicht oft vor, dass man jemanden trifft, mit dem man sich sofort perfekt versteht. Du musst also nicht enttäuscht sein, wenn du nicht gleich in der ersten Woche neue Freunde findest.

Vielleicht hast du selbst den Mut, auf jemanden zuzugehen, der dir sympathisch ist? Zuvor solltest du jedoch beobachten, ob der Junge oder das Mädchen schon feste Freunde hat.

In dem Fall heißt es: Vorsicht! Freunde können schrecklich eifersüchtig sein. Dränge dich nicht dazwischen. Könnt ihr vielleicht zu dritt Eis essen gehen?

Wie schaffe ich es, beliebt zu sein?

Sei am besten einfach du selbst. Und lüge vor allem nicht. Ehrlichkeit ist das Wichtigste, wenn du Freunde haben willst. Die anderen bekommen nämlich ziemlich schnell heraus, ob du wirklich schon Reitturniere gewonnen hast, Ballett tanzt oder in einer schicken Villa wohnst. Peinlich, peinlich, wenn das alles nicht stimmt!

Von BFF und ABF

Jede Freundschaft ist etwas Besonderes. Als Kind war es für dich schön, mit anderen Mädchen spielen zu dürfen. Jetzt in der Pubertät ist dir etwas anderes wichtig – du willst Freundinnen, denen du vertrauen kannst und die dich mögen.

Die Sandkastenfreundin

Sie war schon im Kindergarten deine Freundin. Ihr kennt euch und eure Familien gegenseitig in- und auswendig. Euch verbindet also besonders die Vergangenheit. Doch eurer Leben entwickelt sich jetzt vielleicht unterschiedlich, weil ihr auf verschiedene Schulen geht. Ihr seht euch seltener und werdet einander fremd. Das ist schade – aber normal.

Meine Sandkastenfreundinnen heißen .....

Die Schulfreundin

Ihr seht euch jeden Tag, lernt miteinander und regt euch gemeinsam über doofe Hausaufgaben auf. Der Alltag in der Schule schweißt euch zusammen. Und da ihr in der Schule so viel Zeit miteinander verbringt, seid ihr ganz bestimmt BFF. Best friends forever!

Meine Schulfreundinnen heißen .....

Die Freizeitfreundin

Du bist mit ihr im selben Sportverein, hast mit ihr gemeinsam Gitarrenunterricht oder ihr trefft euch manchmal an der Skaterbahn. In euren Gesprächen dreht sich meist alles um das gemeinsame Hobby. Über private Dinge sprecht ihr wenig. Dazu seht ihr euch einfach nicht oft genug.

Meine Freizeitfreundinnen heißen .....

Die ABF

Die allerbeste Freundin ist dein Goldschatz. Ihr verbringt jede freie Minute miteinander. Ihr lacht gemeinsam, ihr heult gemeinsam. Ihr freut euch füreinander bei Erfolgen und erzählt euch eure größten Geheimnisse. Ein Blick genügt, und du weißt, wie es deiner ABF geht!
Ihr könnt auch super miteinander streiten. Das zerstört eure Freundschaft nicht. Die meisten Mädchen sind sogar froh, wenn ihnen die ABF auch mal eine unbequeme Wahrheit sagt!

Meine ABF heißt .....

So bleibt sie deine ABF!

Eben wart ihr noch unzertrennlich. Doch plötzlich hat deine ABF eine Beziehung. Und du musst sie teilen.

- ☆ Gönne ihr das Glück. Sie wird dir dafür dankbar ein.
- ☆ Sie will am liebsten nur noch über ihre neue Liebe sprechen? Bleibe dafür offen. Mit niemandem kann sie darüber besser chatten als mit dir.
- ☆ Verabredet einen festen ABF-Nachmittag, zum Beispiel immer freitags. Darauf könnt ihr euch die ganze Woche freuen.

Und solange du die Erste bist, bei der sich deine ABF ausheult, wenn sie Liebeskummer hat, ist sowieso alles in bester Ordnung.

Bin ich die perfekte Freundin?

Jedes Mädchen möchte gerne gute Freundinnen und Freunde haben. Und du selbst möchtest natürlich auch eine tolle Freundin sein. Mache den Test – und erfahre, wie die anderen dich sehen!

Deine Freundin liegt mit Fieber zu Hause. Ausgerechnet jetzt will sich dein Schwarm zum ersten Mal mit dir treffen.

❍ ★ Hä? Welche Freundin? Date, ich komme!
❍ ♥ Ich chatte erst kurz mit ihr und gehe dann zum Date.
❍ ✱ Ich chatte während des Dates ständig mit ihr.

Ein Freund wird in der Klasse gemobbt.

❍ ✱ Er tut mir leid, aber ich halte mich lieber raus.
❍ ★ Ich finde, er ist selbst daran schuld.
❍ ♥ Ich helfe ihm natürlich gegen die fiesen Typen.

Was ist dir in einer Freundschaft am wichtigsten?

❍ ★ Dass wir in der Clique zusammen Quatsch machen können.
❍ ♥ Dass wir ehrlich zueinander sind.
❍ ✱ Dass uns die gleichen Dinge gefallen.

Würdest du mit dem Partner oder der Partnerin deiner ABF flirten?

❍ ♥ Das könnte ich meiner Freundin nie antun!
❍ ✱ Ich versuche wirklich, mich zu beherrschen.
❍ ★ Wenn er mir gefällt, warum nicht?

Deine ABF ist verliebt. Aber sie wagt nicht, es ihrem Schwarm zu sagen.

❍ ★ Ich gehe zu ihm und erzähle es ihm.
❍ ✱ Ich biete ihr an, ihn zu fragen, ob er sie mag.
❍ ♥ Ich mache ihr Mut, ihm einen Brief zu schreiben.

Jemand vertraut dir ein Geheimnis an.

❍ ♥ Ich schweige natürlich wie ein Grab.
❍ ✱ In der Clique kann ich es ja erzählen. Aber nur dort!
❍ ★ Das Geheimnis ist wirklich irre! Mal sehen ...

Was magst du an anderen überhaupt nicht?

❍ ♥ Wenn sie eingebildet sind.
❍ ✱ Wenn sie mich nicht zur Party einladen.
❍ ★ Wenn sie bei allen beliebt sind.

Beim Einkaufsbummel probiert deine Freundin Jeans an, die ihr nicht stehen. Was machst du?

❍ ★ Ich suche für mich schon längst nach einer eigenen Jeans.
❍ ✱ Ich sage ihr, dass ihr das Teil super passt.
❍ ♥ Ich bringe ihr drei andere Jeans in die Kabine.

Überwiegend ★: Volltreffer Fettnäpfchen

So richtig klappt das mit einer guten Freundschaft bei dir noch nicht, oder? Du alberst gerne herum und denkst am liebsten nur an deinen Spaß. Entscheidungen triffst du spontan, so, wie es dir gefällt. Das ist in Ordnung – solange du nicht die Gefühle anderer verletzt.

Überwiegend ✱: Ein angenehmes Wesen

Du bist auf dem richtigen Weg, eine gute Freundin zu werden. Andere Mädchen und Jungen finden dich nett und schätzen dein angenehmes Wesen. Nur manchmal verhältst du dich noch ein bisschen ungeschickt. Aber das legt sich sicher bald.

Überwiegend ♥: Immer ein offenes Ohr

Um dich scharen sich wahrscheinlich ganze Trauben netter Menschen. Und wenn nicht – dann haben die anderen noch nicht gemerkt, was für ein super Kumpel du bist! Du gehst mit deiner Clique durch dick und dünn. Sie können immer auf dein gutes Herz zählen. Bleib so, wie du bist!

Freundschaften für die Ewigkeit

Gibt es das überhaupt: eine Freundin oder Freund fürs Leben? Die ABF, mit der du noch Kontakt hast, wenn ihr beide uralt seid? Doch, es gibt sie – aber sehr, sehr selten.

Warum zerbrechen Freundschaften?

In der Pubertät ist es völlig normal, dass Freundschaften auseinandergehen. Als Teenager wechselst du deine Interessen noch häufig und damit auch deine Freundschaften. Außerdem kommen Jugendliche selten gleichzeitig in die Pubertät. Die Entwicklung verläuft also unterschiedlich und ihr entfernt euch innerlich voneinander.

Meine ABF ist plötzlich so komisch

Bisher habt ihr euch super verstanden. Doch in letzter Zeit ist deine ABF ständig fies zu dir, nörgelt herum und will bestimmen, was ihr gemeinsam unternehmt? Klar, ein paar Wochen schaust du über die Fehler und Schwächen deiner ABF hinweg. Aber ewig solltest du dir ihr Verhalten nicht gefallen lassen. Frage sie offen, was mit ihr los ist. Und sage ihr, dass dich ihr Benehmen stört.

Sprecht ruhig und sachlich miteinander. Am besten nicht mitten auf dem Schulhof, wenn die halbe Clique zuhört!

Hilfe, die anderen spinnen total!

In der Clique gibt es Zoff? Ganz ohne Grund? Dann habe Verständnis dafür – wenn du kannst. Schließlich sind die anderen auch gerade in der Pubertät. Auch in ihren Köpfen toben die Hormone manchmal ganz schön heftig!

Blitztipp

Wenn jemand total nervt:
Schreibe deine Gedanken dazu in kurzen Sätzen auf. Dabei wird dir klar, was dich eigentlich genau stört.
Und nun schreibe auf, wie ihr die Probleme lösen könnt. Das Aufschreiben hilft super, Ordnung in deine Gefühle zu bekommen.

Und wenn es doch schiefgeht?

Es gehört zu den schwersten Dingen im Leben, sich von Menschen zu trennen. Das tut immer weh. Aber Trennungen gehören dazu. Vielleicht hast du Glück, und die Beziehung zu einem Freund oder einer Freundin schläft einfach ein, wenn ihr euch immer seltener verabredet. Oder müsst ihr euch weiterhin jeden Tag in der Schule sehen? Dann ist es gut, wenn beim letzten Streit nicht (nur) die Fetzen fliegen. Gib auch eigene Fehler zu und entschuldige dich dafür. Das ist nicht leicht. Aber es hilft dabei, dass ihr euch später noch in die Augen sehen könnt.

Deine Clique

Zu einer Clique zu gehören, ist ein richtig gutes Gefühl. Ihr mögt einander und verbringt in der Freizeit viele Stunden zusammen. Umso enttäuschter bist du natürlich, wenn du spürst, dass andere dich nicht in ihrer Gruppe haben wollen – denn das macht dich zum Außenseiter.

Ich möchte so gerne dazugehören!

In eine Clique aufgenommen zu werden, ist oft schwierig. Gehe lieber nicht gleich auf die ganze Gruppe zu und »bettle« darum, dazugehören zu dürfen. Bestimmt hast du mehr Erfolg, wenn du dich zuerst mit einem Mitglied aus der Gruppe anfreundest.

So heißen die Mitglieder der Clique, die ich gut finde: .....
.....
.....
.....

Passe ich überhaupt in die Clique?

Nicht jede Clique passt zu dir. Vielleicht willst du nur dazugehören, weil dein Schwarm in der Gruppe ist? Das ist meist keine gute Voraussetzung. Frage dich lieber erst einmal:

- ☆ Mag ich auch die anderen Leute in der Clique?
- ☆ Ist der Clique wichtig, welche Markenkleidung jemand trägt?
- ☆ Und finde ich das gut?
- ☆ Verbringen sie ihre gemeinsame Freizeit so, dass auch ich mich dabei wohlfühlen würde?

Ich soll eine Mutprobe ablegen!

Manchmal verlangen Mitglieder einer Clique eine Mutprobe, bevor du in die Gruppe aufgenommen wirst. Du sollst Alkohol trinken, im Supermarkt Kondome stehlen – und dann wird der Unfug auch noch gefilmt und ins Internet gestellt. Was immer man von dir verlangt: Lass die Finger davon! Die anderen müssen dich mögen, wie du bist. Wenn nicht – dann bist du zum Glück zu schlau für die Clique. Höre auf dein Bauchgefühl!

Gruppendruck

Versuchen dich Leute aus der Clique ständig zu etwas zu überreden, das du nicht tun möchtest? Und wenn du dich nicht anpasst, wird gelästert? Dann gibt es nur eine Reaktion: Lass die anderen eiskalt stehen. Das erfordert viel Selbstvertrauen. Aber es ist der einzige Weg, du selbst zu bleiben.

Eine Gruppe, die allen guttut

In einer Clique, in der sich jeder wohlfühlt, gibt es keine Konkurrenz und keinen Neid. Niemand sagt den anderen, was sie tun oder lassen sollen. Hier kann jedes Mitglied aussprechen, was es denkt, und seine Meinung ist wichtig. Ist das in deiner Clique so?

Tust du immer, was andere dir sagen?

Viele Jugendliche werden verwöhnt und bekommen, was sie möchten, zum Beispiel ständig ein neues Smartphone oder Kosmetik. Ein Mädchen, das sich dies alles nicht leisten kann, fühlt sich da schnell unbedeutend und ausgeschlossen. Stell dir vor, dieses Mädchen bist du. Was würdest du tun, um doch dazuzugehören?

Ein Freund bittet dich um Geld. Er weiß aber, dass du selbst knapp bei Kasse bist.

❍ ♥ Ich gebe ihm nichts.
❍ ✱ Ich bitte jemand anderen, ihm zu helfen.
❍ ★ Ich gebe ihm Geld, auch wenn es mich ärgert.

Jemand will ständig mit dir chatten. Aber eigentlich musst du lernen.

❍ ✱ Ich lerne eine Stunde, dann chatten wir.
❍ ♥ Ich stelle mein Handy ab. Meine Noten sind mir wichtiger.
❍ ★ Ich will nicht als Streberin gelten und chatte stundenlang.

Eine Freundin lästert, weil du keine Jeans der Firma Y trägst.

❍ ♥ Ich lästere zurück, weil sie Y-Klamotten trägt.
❍ ★ Ich schlachte heulend mein Sparschwein und kaufe Y-Jeans.
❍ ✱ Vielleicht kaufe ich mir irgendwann Y-Jeans. Mal sehen.

Die Clique will in einen Club gehen.
Aber deine Eltern würden dir das nie erlauben.

❍ ★ Ich übernachte bei einer Freundin und gehe von dort aus mit in den Club. Aber ich fühle mich dabei richtig mies.

❍ ♥ Ich sage den anderen, dass ich Clubs blöd finde, und bleibe zu Hause.

❍ ✱ Ich bleibe zu Hause. Aber ich habe Angst, dass mich die anderen jetzt doof finden.

Überwiegend ★ : Du lässt dir ziemlich viel gefallen.
Denke nicht immer an das, was du nicht besitzt. Das hast du gar nicht nötig. Wenn du selbst anfängst, deine Gefühle zu achten, werden es bald auch andere tun.

Überwiegend ✱ : Du versuchst, Kompromisse zu finden.
Und das ist gut so. Wenn es um deine Überzeugungen geht, lässt du dich zum Glück nur selten umstimmen.

Überwiegend ♥ : Du bleibst dir selbst treu.
Du tust nur Dinge, bei denen du dich wohlfühlst. Egal, was die anderen von dir denken. Du bist eine echte Kämpferin. Aber geh mit dem Kopf lieber nicht immer durch die Wand. Das könnte deine Freunde und Freundinnen vertreiben. Auch die guten.

Viel Spaß im Internet!

Jeder in deiner Umgebung ist genau wie du gerne im Internet unterwegs. Ihr tauscht euch in Blogs und Chats aus, lernt dort andere Mädchen und Jungen kennen und freundet euch mit ihnen an. Das Internet ist eine super Sache – wenn du dabei ein paar wichtige Regeln beachtest.

Wie surfe ich sicher im Internet?

Auch wenn es dich nervt, weil du jetzt alles alleine machen möchtest: Zeige deinen Eltern, was dich gerade begeistert. Sie sollten darüber Bescheid wissen, was du im Netz so treibst. Nicht um dich zu überwachen. Sondern um dich schützen zu können. Am besten ist es, wenn ihr klare Regelungen trefft, was du im Internet darfst. Denn du willst sicher nicht, dass irgendwann die Polizei vor der Tür steht. Und das geht mit falschen Klicks manchmal schneller, als du »Katastrophe« sagen kannst.

Natürlich ist es spannend, sich gerade die »verbotenen Seiten« im Internet anzusehen. Lass dich trotzdem von niemandem dazu verleiten.

Goldene Regeln fürs Internet

- Sei vorsichtig beim Posten von Bildern mit Freunden. Du schießt auf der Party ein Foto, um es ins Netz zu stellen? Wenn die anderen Partygäste das nicht möchten, darfst du es nicht. Jeder Mensch hat das Recht, selbst zu bestimmen, ob er sein Gesicht im Internet sehen möchte.

- Stelle keine peinlichen Bilder von dir ins Netz, auch wenn es noch so lustig wäre. Es kann zum Albtraum werden. Bilder mit nacktem Busen oder Po freuen nur die Betreiber von Porno-Seiten. Sie verwenden die Fotos ohne dein Wissen weiter, um damit Geld zu verdienen.

- Lade Musiktitel und Filme nicht illegal herunter. Das ist nicht nur strafbar. Es ist auch unfair. Musiker und Schauspieler geben sich viel Mühe, gute Musik zu komponieren oder schöne Filme zu drehen. Dafür sollten sie auch Geld bekommen, oder?

- Nicht alle Challenges sind lustig oder harmlos. Manche sind eklig, andere sind strafbar oder sogar lebensgefährlich, weil sie zu Diebstahl oder Brandstiftung aufrufen. Für Klicks und Likes wird viel Unsinn getrieben. Bevor du mitmachst: Überlege, ob die Challenge wirklich gut ist.

- Verrate so wenig wie möglich über dich. Viele Online-Spiele sind nur auf den ersten Blick kostenlos. Die Anbieter der Spiele verlangen zum Beispiel vor dem Start, dass du deinen Namen, deine Adresse und dein Geburtsdatum eingibst. Oder du sollst plötzlich an einer Umfrage teilnehmen, um weiterspielen zu können. Lass von solchen Spielen lieber die Finger: Deine Daten gehören dir!

Liebe im Netz

Wow, ist das aufregend! Seit ein paar Tagen chattest du mit einer neuen Person. Niemand in deiner Umgebung versteht dich besser. Egal, was du erzählst, es kommt immer eine verständnisvolle Antwort. Und was für schöne Komplimente dir gemacht werden!

Sind Chatrooms so gefährlich, wie viele behaupten?

Gute und böse Menschen gibt es überall. Im wirklichen Leben genauso wie im Internet. Daher tummeln sich in den Chats, die du besuchst, neben ganz vielen netten Menschen auch einige, die böse Absichten verfolgen. Es ist einfach gut, wenn du das beim Chatten nicht vergisst. Denn leider kannst du nicht einmal sicher sein, dass der Mensch auf dem Bild auch der ist, der mit dir gerade im Chat flirtet.

Stelle daher so wenig persönliche Daten ins Netz wie möglich:

- ☆ Keine Adresse
- ☆ Keine Telefonnummer
- ☆ Kein Geburtsdatum
- ☆ Kein Foto

Kann ich jemanden lieben, den ich nie gesehen habe?

Viele Jugendliche verlieben sich beim Chatten. Ob bei dir daraus was »Ernstes« wird, weißt du aber erst, wenn dein Schwarm vor dir steht. Vielleicht hattest du dir sein Lachen ganz anders vorgestellt oder seinen Gang. Außerdem spielt bei der Liebe der Geruch eine wichtige Rolle. Und Düfte wabern (noch) nicht durchs Internet ...

Das erste Treffen

Nachdem ihr wochenlang Mails gechattet habt, wollt ihr euch endlich »im wirklichen Leben« treffen. Diese erste Verabredung mit einer Internetbekanntschaft ist natürlich extrem spannend – aber auch nicht ganz ungefährlich.

- Treffe dich zum ersten Date nur in einer Eisdiele oder einem öffentlichen Platz, den du vorgeschlagen hast.
- Geh nie alleine hin. Bitte deine Mutter, deinen Vater oder deine ABF mitzukommen. Sie können unauffällig in der Nähe sein, um euch zu beobachten. Damit gehst du auf Nummer sicher.

Blitztipp

www.blindekuh.de
Auf dieser Website findest du eine Menge Infos, wie sich Jugendliche sicher im Netz bewegen können. Die Themen reichen von »Spuren im Netz« übers »Flirten« bis hin zu »Mädchen im Netz«. Echt empfehlenswert – auch für deine Freundinnen!

Von fiesen Feiglingen

Es ist normal, dass Menschen streiten. Leider nutzen immer mehr Schüler und Schülerinnen die Möglichkeit aus, über das Internet andere zu terrorisieren, ohne selbst erkannt zu werden. Solche anonymen Täter sind nicht nur gemein – sie sind auch feige!

Cybermobbing

Jeder, der fiese Lügen oder Hänseleien auf seinem Online-Profil entdeckt, fühlt sich elend. Es tut schrecklich weh, plötzlich ein Opfer von Cybermobbing zu sein. Nicht einmal im eigenen Zimmer ist man davor sicher. Am gemeinsten ist, dass auch andere die Beleidigungen lesen können. Und wenn das Opfer Pech hat, wird es bald von immer mehr Leuten gemobbt. Einfach aus Spaß am Quälen.

Warum sind Menschen so fies?

Leute, die andere mobben, sind meist sehr schwache Menschen. Sie be-leidigen andere, um sich selbst dadurch besser zu fühlen. Solche Leute haben auch Angst, wenn jemand anders ist als sie. Deshalb lehnen sie Menschen ab, die eine andere Hautfarbe haben oder eine andere Meinung. Sie demütigen und bedrohen sie, um »Stärke« zu zeigen.

Bin ich selbst tolerant?

Tolerant sein heißt: Ich finde es in Ordnung, dass jeder Mensch anders ist. Deine Freundin zieht gerne rosa Klamotten an? Nur weil sie andere Kleidung mag als du, ist das für dich kein Grund, nicht mehr mit ihr befreundet zu sein! Bevor du jemanden »verurteilst«, geh sicher, dass du selbst perfekt bist.

Hilfe, ich werde gemobbt!

Als Opfer bist du zum Glück nicht so hilflos, wie du denkst.

- ☆ Einträge im Internet verbreiten sich schnell. Wenn du dumme Dinge über dich im Netz entdeckst, solltest du sofort handeln. Erzähle unbedingt deinen Eltern oder deinem Vertrauenslehrer oder einer Lehrerin davon. Sie werden überlegen, bei der Polizei Anzeige zu erstatten.
- ☆ Wenn du aus Scham schweigst, nützt das nur den Tätern.
- ☆ Mache Screenshots der Beleidigungen. Sie sind dein Beweis für das Mobbing. Stellt jemand von dir Fotos online, ist das strafbar!
- ☆ Deine Eltern können den Betreiber der Website anschreiben und dazu auffordern, die Beleidigungen oder Fotos zu löschen. Darauf hast du ein Recht! Die E-Mail-Adresse steht im Netz unter »Impressum«.
- ☆ Lösche dein Online-Profil und wechsle deine Handynummer.
- ☆ Antworte im Netz nicht wütend auf Beleidigungen. Sonst wirst du erst recht nicht in Ruhe gelassen. Wenn du dich nicht ärgerst, verlieren deine Mobber oder Mobberinnen vielleicht bald die Lust.

Auch Stars werden beleidigt

Wusstest du, dass fast alle berühmten Leute gemobbt werden? Schauspieler, Sängerinnen u.a. müssen im Internet oft die übelsten Dinge über sich lesen und werden mit schlimmen Schimpfwörtern beleidigt. Das finden auch die Stars überhaupt nicht lustig!

Doofe Erwachsene, blöde Schule?

Warum nerven meine Eltern so?

Ein fremdes Wesen lebt in eurer Wohnung. Keine Ahnung, was in seinem Kopf vorgeht. Mal ist es schweigsam, kommt nur zum Essen aus seinem Zimmer und will am liebsten seine Ruhe haben. Mal fängt es wegen jeder Kleinigkeit an zu toben und lässt die Türen knallen. Richtig, dieses fremde Wesen bist du – natürlich nur, wenn du einen schlechten Tag hast ...

Auch Eltern müssen lernen

Deine Eltern müssen erst verstehen lernen, warum du nicht mehr ihr kleines liebes Mädchen bist.

Plötzlich bist du so kompliziert! Du hast eine eigene Meinung. Du findest nicht mehr gut, was deine Eltern sagen. Du willst nicht mehr brav Geige spielen, sondern Gitarre. Und statt fürs Ballett begeisterst du dich jetzt für Klettern. Das verwirrt deine Eltern. Natürlich freuen sie sich darüber, dass du allmählich erwachsen wirst. Aber sie merken auch, dass dir andere Menschen immer wichtiger werden. Und sie haben Angst, weil sie dich immer weniger beschützen können.

Erwachsene können ganz hilfreich sein – wenn du sie lässt ...

Du hast ein Problem und traust dich nicht, mit deinen Eltern darüber zu sprechen? Warum eigentlich nicht? Alle Erwachsenen waren auch einmal in deinem Alter. Sie haben nicht vergessen, wie unsicher man sich in der Pubertät fühlt. Deshalb werden sie dich verstehen und sich sogar freuen, wenn du dich ihnen anvertraust.

Meine Eltern haben nie Zeit für mich!

Ja, auch das gibt es. Genauso nervig wie Eltern, die sich ständig um dich kümmern, sind Erwachsene, die sich kaum Zeit für dich nehmen. Die selten sagen: »Wir haben dich lieb.«
Wenn beide Eltern viel arbeiten müssen, sind sie abends oft so müde, dass sie am liebsten nur noch vor dem Fernseher hocken. Vielleicht hilft es, wenn du ihnen sagst, wie alleine du dich fühlst? Frag sie einfach, ob sie Zeit für dich haben. Erzähle ihnen von dir. Nur so merken sie, wie traurig du bist!

Jede Familie ist anders

Wohnst du mit deinen Eltern zusammen oder alleine bei deiner Mutter oder deinem Vater und ihr seid euch näher, als es dir jetzt lieb ist? Hast du zwei Mütter und kennst deinen Vater nicht? Oder nörgeln an dir gleich vier Erwachsene herum, weil deine geschiedenen leiblichen Eltern beide wieder geheiratet haben? Dann kommen vielleicht noch neue Geschwister dazu. Das alles kann echt nerven!
Doch es ist nicht nur für dich schwierig. Auch die Erwachsenen haben oft Probleme, mit der ganzen Situation klarzukommen. Am besten funktioniert es, wenn alle fair und offen miteinander umgehen!

Blitztipp

Bestimmt haben die neuen Partner deiner Eltern noch viele Fotos von sich als Teenager. Vielleicht hast du Lust, die Bilder mit ihnen anzuschauen? So kommt ihr miteinander ins Gespräch und versteht euch vielleicht besser.

Immer nur Zoff

Über manche Dinge, die du tust (oder nicht tust), regen sich Erwachsene in letzter Zeit besonders auf. Dabei willst du mit ihnen eigentlich gar keinen Ärger haben. Das ständige Streiten findest du selbst nervig. Hier gibt es ein paar Tipps, wie ihr miteinander besser klarkommt.

»Kannst du nicht ein einziges Mal tun, was man dir sagt?«

Stimmt, du hast schon wieder vergessen, den Müll rauszubringen. Und dein Zimmer hast du auch nicht aufgeräumt. Nie lässt man dich in Ruhe, immer will man was von dir!

Lösung: Versucht gemeinsam, einen festen Zeitpunkt abzumachen, bis wann du die Aufgabe erledigt haben sollst. Schaffst du es bis dahin nicht, darf dir etwas, auf das du ungern verzichtest, für eine bestimmte Zeit gestrichen werden. Aber nicht jammern, wenn es passiert. Denn du hast die Regel nicht eingehalten!

»Muss ich da mit hin?«

Es ist normal, dass du nicht mehr begeistert mit zu Verwandten fährst. Am liebsten bist du jetzt mit Gleichaltrigen zusammen. Und Familienausflüge findest du auch nur noch selten lustig.

Lösung: Ganz ohne Familientreffen geht es nicht. Vielleicht könnt ihr vereinbaren, dass du nur noch jedes zweite Mal mitmusst? Und Wandern oder Museumsbesuche machen wieder mehr Spaß, wenn in Zukunft dein Freund oder deine Freundin mitfahren darf.

»Ständig willst du was Neues zum Anziehen!«

Dein Schrank ist voll. Aber du brauchst unbedingt das pinkfarbene Top, das deiner ABF so super steht.

Lösung: Vereinbart zusätzlich zum Taschengeld ein monatliches Kleidergeld. Davon darfst du dir in Zukunft selbst deine Kleidung kaufen. Mehr bekommst du dafür nicht. So lernst du, dein Geld einzuteilen und auf größere Anschaffungen zu sparen.

»Du hockst ja noch immer am Computer!«

Oder du hängst »stundenlang« am Smartphone, um zu chatten.

Lösung: Vereinbart feste Tageszeiten, an denen du diese Dinge tun darfst.

»Wo warst du so lange?!«

Du kommst zu spät nach Hause. 22 Uhr war abgemacht, jetzt ist es Mitternacht. Du hast nicht angerufen und dein Handy war aus. Kannst du verstehen, dass sich die Erwachsenen Sorgen gemacht haben?

Lösung: Wenn ihr eine feste Zeit vereinbart, musst du sie einhalten. Und wenn es doch mal später werden sollte: Ruf an! Sorge dafür, dass deine Eltern wissen, wo du steckst. Sie werden dir sehr dankbar sein!

Über diese drei Dinge streiten wir in der Familie besonders häufig:

1. .....

2. .....

3. .....

Geht es nicht auch ohne Regeln?

Überall, wo Menschen miteinander zu tun haben, gelten Regeln. In der Familie, unter Freunden, in der Schule, im Kino oder im Bus. Wenn sich jeder daran hält, gibt es keinen Ärger. Regeln einzuhalten gehört deshalb zum Erwachsenwerden – und vermeidet jede Menge Stress!

Ich will akzeptiert werden!

Gerade am Anfang der Pubertät haben Erwachsene noch Probleme damit, dich so ernst zu nehmen, wie du es gerne willst. Du möchtest, dass sie dir mehr zutrauen und deine Meinungen akzeptieren. Und du möchtest vor allem mehr Freiraum in deiner Freizeit haben. Aber dieses Vertrauen musst du dir erst erarbeiten.

Blitztipp

Halte dich an Regeln und Abmachungen, die du vereinbarst. Das stärkt das Vertrauen deiner Eltern in dich immer mehr. Und je mehr Vertrauen sie haben können, desto mehr erlauben sie dir.

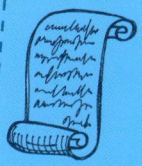

Was sind eigentlich »Erziehungsberechtigte«?
Das Gesetz bezeichnet deine Eltern als »Erziehungsberechtigte«. Sie haben also das Recht, dich zu erziehen. Und sie haben die Pflicht, sich um dich zu kümmern.

Mist gebaut? So entschuldigst du dich richtig!
(auch super bei Stress in der Clique)
Du hast dir Schuhe deiner Mutter ausgeliehen und dabei ruiniert. Das kann passieren. Aber jetzt ist eine Entschuldigung fällig. So klappt es am besten:

☆ Entschuldige dich ehrlich.

Dann nimmt deine Mutter die Entschuldigung auch an und ist nicht mehr ganz so sauer. Wenn du nur »Sorry« murmelst, um endlich in Ruhe gelassen zu werden, kommt das nicht gut an.

☆ Entschuldige dich ohne das Wörtchen »aber«.

»Es tut mir leid, aber ...«, so fangen viele Entschuldigungen an. Und dann enden sie mit einem Streit, weil dein Gegenüber eine Rechtfertigung als Verteidigung auffasst. »Ich habe Mist gebaut«, reicht völlig.

Schon wieder Streit? »Pause, bitte!«
Vereinbare in der Familie folgende Regel:
Falls ihr mal wieder miteinander streiten solltet, darf jeder um eine Pause bitten. Zieht euch zurück. Nach einer halben Stunde könnt ihr bestimmt ruhiger diskutieren und eine Lösung finden.

Wenn du dich entschuldigst, zeigst du Stärke und Selbstbewusstsein.

Bin ich wirklich so ungenießbar?

Kreuze die Sätze an, die für dich zutreffen.
Dann erfährst du, wie »schlimm« du wirklich bist.

- ❍ ✱ Meine Eltern erlauben mir nicht, mich mit einem Jungen zu treffen. Deshalb sage ich ihnen, dass ich zu meiner Freundin gehe, und verabrede mich heimlich.
- ❍ ✱ Ich will nicht beim Abtrocknen helfen. Also klage ich nach dem Essen über Kopfschmerzen, das glaubt man mir immer.
- ❍ ★ Vorschriften? Kann mir mal einer erklären, warum ich mich daran halten soll?
- ❍ ✱ Ich färbe mir die Haare, ohne meine Eltern zu fragen.
- ❍ ♥ Ich schreibe Oma und Opa gerne nette Weihnachtsgrüße.
- ❍ ★ Meine Freundin bekommt mehr Taschengeld als ich. Also verhandle ich zu Hause so lange, bis ich genauso viel Geld bekomme wie meine Freundin.
- ❍ ♥ Um meine Meerschweinchen kümmere ich mich ganz alleine.
- ❍ ★ Wenn mich mein Bruder anmotzt, motze ich zurück.
- ❍ ♥ Gute Noten sind mir wichtig.
- ❍ ✱ Ich sage selten, was ich denke. Damit geht es mir am besten.
- ❍ ♥ Ich möchte, dass mich die Leute nett finden.
- ❍ ★ Ich will ins Schwimmbad, soll aber den Rasen mähen. Daher biete ich an, das Mähen am nächsten Tag zu erledigen. Ganz bestimmt.

Überwiegend ♥: Du bist (zu) brav!

Du lebst auf einer glücklichen Insel. Vielleicht bist du noch gar nicht richtig in der Pubertät. Oder du findest deine Familie wirklich super. Wenn dich aber doch mal etwas stören sollte, sage es ruhig. Ein bisschen Rebellion können Erwachsene schon vertragen.

Überwiegend ✱: Ob das lange gut geht?

Du suchst Frieden und Freiheit zugleich. Deshalb vermeidest du unnötigen Stress mit Erwachsenen und löst die Probleme auf deine Art. So erreichst du zwar oft, was du willst. Nur eines leider nicht: dass deine Familie dir vertraut. Respektiere ihre Regeln. Dann respektieren sie auch dich.

Überwiegend ★: Auf in den Kampf!

Du kämpfst gerne für deine Interessen. Das ist in Ordnung – obwohl es für die Familie verflixt anstrengend ist. Doch so wissen die Erwachsenen auch meistens, was dich beschäftigt und dass du ehrlich zu ihnen bist. Renne aber nicht nur gegen alles an. Höre den Erwachsenen auch zu. Sie sagen ja sogar manchmal was Vernünftiges.

SCHOOL!

Keine Lust auf Schule?

Seit du in der Pubertät bist, läuft es in der Schule vielleicht nicht mehr so gut. Wenn du nach Hause kommst, hast du jetzt nämlich schrecklich wichtige Dinge zu tun: chatten, streamen, Musik hören, eine Modenschau vorm Spiegel. Und schon hast du das Lernen für die Bioarbeit vergessen!

Leide ich an Aufschieberitis?

Eigentlich sollst du deine Hausaufgaben selbstständig planen und erledigen. Wenn das in der Pubertät nur nicht so verflixt schwierig wäre. Schuld daran ist natürlich wieder das Chaos in deinem Teenie-Hirn. Gerade die Regionen im Kopf, die für eine gute Planung wichtig sind, sind noch nicht fertig. Deshalb machst du Hausaufgaben jetzt so oft in letzter Sekunde – oder lernst gar nicht.

Blitztipp

Lass das Lernen einen festen Teil deines Tages werden. So wie Zähneputzen. Es gehört einfach dazu. Je eher du deine Aufgaben erledigst, desto schneller hast du sie hinter dir.

123

Wie bekomme ich gute Noten?

Heute Mathe lernen, morgen ein Referat vorbereiten und einen Aufsatz schreiben – Schule kann richtig stressig sein. Mit ein paar guten Vorsätzen klappt es besser.

- ☆ Schreibe dir jeden Montag einen Lernplan für die Woche. Wenn du dir das nicht selbst zutraust, lass dir von deinen Eltern helfen.
- ☆ Unterteile deine Aufgaben täglich in »Muss« und »Kann«. Zuerst wird das Wichtige erledigt.
- ☆ Es ist gut, wenn Erwachsene von deinen Plänen wissen. So fühlst du dich verpflichtet, die Vorsätze einzuhalten.
- ☆ Nimm dir nicht zu viel am Tag vor. Und denke ans Wiederholen. Vokabeln lernst du übrigens super, wenn du dich von deinen Eltern jeden Abend 15 Minuten abfragen lässt. (Mit deiner ABF macht es natürlich noch mehr Spaß. Und ihr habt beide was davon.)
- ☆ Lass dich nicht entmutigen. Wenn du deinen Plan einmal nicht einhältst – kein Problem. Mach einfach am nächsten Tag weiter. Und auch wenn die Noten nicht sofort besser werden: weitermachen. Irgendwann kommt der Erfolg!
- ☆ Fünf Tage Pauken sind genug. Wer wirklich gut gelernt hat, darf sich am Wochenende belohnen, z. B. beim Schwimmen mit der Clique oder auf einer Party. Nach einem entspannten Wochenende klappt das Lernen auch wieder besser.

Ich bin ein Morgenmuffel!

Früher warst du morgens immer putzmunter. Aber jetzt kommst du einfach nicht mehr rechtzeitig aus den Federn. Selbst wenn du es dir fest vornimmst. Natürlich ist auch das mal wieder die Schuld der Hormone. Morgens schwer aufzuwachen, ist in der Pubertät normal – nur wenige erwischt es nicht.

Dein Körper kennt keinen Stundenplan

Eigentlich solltest du während der Woche früh ins Bett gehen, um am nächsten Tag fit zu sein. In deinem Alter beginnt das Einschlafsystem aber leider abends immer später anzuspringen. Deshalb bist du jetzt gerne länger wach. Und den fehlenden Schlaf will sich dein Körper morgens holen. Er weiß ja nicht, dass dein Unterricht um 7.50 Uhr beginnt!

Wie viel Schlaf brauche ich?

Schlaf ist die Zeit, in der sich dein Körper erholt. Deshalb solltest du jede Nacht mindestens 9 bis 10 Stunden schlafen. Das schaffst du, wenn du spätestens ab 21 Uhr in den Federn liegst und um 6 Uhr aufstehst. Vor dem Einschlafen solltest du besser nichts Aufregendes mehr erleben. Also lieber abends im Bett keinen Krimi oder Horrorfilm streamen. Eine gute Einschlafhilfe sind Englischvokabeln!

Aufwachen – auch ohne Wecker

Jeder Mensch hat eine innere Uhr. Sie bestimmt, ob du morgens gerne aufstehst oder ein Morgenmuffel bist. Du kannst deine innere Uhr aber ein wenig verstellen: Wenn du jeden Tag zur gleichen Zeit aufstehst, gewöhnt sich dein Körper daran.

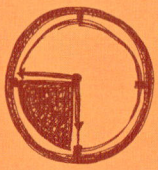

Kann ich mich schlau schlafen?

Wenn du genug schläfst, ...

- ☆ ... speicherst du Gelerntes besonders gut ab.
- ☆ ... kannst du dich im Unterricht gut konzentrieren.
- ☆ ... hast du weniger Kopfschmerzen.
- ☆ ... bist du einfach gut gelaunt.

Blitztipp

Wie wär's mit einem Schläfchen nach der Schule? Eine halbe Stunde Schlummern bringt dich wieder in Schwung. Länger solltest du aber nicht ruhen!

Darf ich mit Musik lernen?

Tür zu, Musik an – und dann ran an die Hausaufgaben. Kann das was werden? Ja, es kann. Wenn die Musik nicht zu laut und zu hektisch ist. Gegen sanfte Schmusesongs im Hintergrund ist also nichts einzuwenden. Musik über Kopfhörer ist dagegen nicht so gut. Wusstest du, dass viele Jugendliche davon einen Hörschaden bekommen?

Mein Lieblingsfach .....

Meine Lieblingslehrerin .....

Mein Lieblingslehrer .....

Mein schlimmstes Fach .....

Meine fieseste Lehrerin .....

Mein fiesester Lehrer .....

Spieglein, Spieglein an der Wand ...

Was ist »schön«?

Es ist nicht leicht, in einer Welt aufzuwachsen, in der man sich nie hübsch genug fühlt. Schön findest du immer nur die anderen, stimmt's? Denn jeden Tag bekommst du in den Medien gezeigt, wie makellos »Schönsein« auszusehen hat.

Warum schau ich jetzt ständig in den Spiegel?

In der Pubertät wird dir dein Aussehen immer wichtiger. Das hat mit dem Erwachsenwerden zu tun. Du vergleichst dich jetzt mit anderen und willst ihnen gefallen, um Freunde zu finden.

Wie werde ich so schön wie mein Lieblingsstar?

Das könnte schwierig werden. Oder hast du einen persönlichen Visagisten und schreckst auch nicht vor Schönheitsoperationen zurück? Viele Schauspielerinnen und Sängerinnen sind von Natur aus nämlich gar nicht so schön, wie wir glauben.

- ☆ Vor ihren Auftritten werden Stars oft stundenlang geschminkt. Du würdest staunen, wie viel Make-up Stars brauchen, um wenigstens aus der Ferne toll auszusehen.
- ☆ Starfotos für Zeitschriften werden immer am Computer nachbearbeitet.
- ☆ Und nicht jede gerade Nase war schon von Geburt an so edel geformt.

Muss man schön sein? Nein. Es ist viel mehr wunderschön, sich so wohlzufühlen, wie man ist.

Was ist denn überhaupt »schön«?

Über Schönheit kann man verschiedener Meinung sein. Manche finden Mädchen mit dunkeln Augen schön, andere Jungs mit langen Haaren. Was »schön« ist, verändert sich im Laufe der Zeit auch immer wieder. Blasse Haut, viel Schminke im Gesicht – das gilt mal einige Zeit als schön und dann wiederum als gar nicht schön. Schönheitsideale ändern sich also ständig.

Was viel wichtiger ist

Schönheit sieht nur das Äußere. Versuche deshalb, ihr wenig Bedeutung zu geben. Viel wichtiger ist doch, ob jemand zum Beispiel hilfsbereit und ehrlich ist. Kann sie gut zuhören? Kann ich mich auf ihn verlassen? Wenn du so jemanden zum Freund oder zur Freundin hast, dann ist es vollkommen egal, wie der andere aussieht.

Dein schönstes Make-up ist ein Lachen

Strahlende Augen und Lebensfreude machen jeden Menschen besonders sympathisch.

Test: Stell dir ein Mädchen vor, das ernst guckt. Und dann eines, das lächelt. Mal ehrlich: Mit welcher von den beiden möchtest du lieber befreundet sein?

Wusstest du, dass andere ein Lachen in deinem Gesicht aus hundert Meter Entfernung erkennen können?

Schminke – ja oder nein?

Es gibt unzählige verlockende Beauty-Produkte: Make-up für die Haut, verrückte Farben für die Augen, glitzernde Wimperntusche – aber: Niemand muss sich schminken. Das ist deine ganz persönliche Entscheidung!

Wenn du es gerne versuchen möchtest

Deine Neugier ist geweckt? Du möchtest wissen, wie Make-up dein Aussehen verändert? Und wie du damit deine natürliche Schönheit noch ein bisschen betonen kannst? Dann viel Spaß! Denke nur daran, sparsam mit all den verlockenden Farben umzugehen. Die dicken Schichten, die im Scheinwerferlicht bei Models super aussehen, wirken bei normalem Tageslicht schnell wie eine starre Maske.

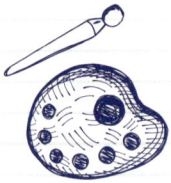

Wo bekomme ich Schminkzeug her?

Vielleicht lässt dich deine Mutter, eine ältere Schwester oder eine gute Freundin ein wenig mit ihren Make-up-Utensilien üben (fragen, nicht einfach nehmen!).

Oder du besorgst dir vom Taschengeld eine eigene kleine Grundausstattung. In Drogerien findest du eine riesige Auswahl. Teure Serien sind übrigens nicht immer die besten. Greife ruhig zu preiswerten Produkten. Allerdings sollten sie gegen Allergien getestet sein.

Blitztipp

Denke vor dem Schlafengehen ans Abschminken. Praktisch sind spezielle Reinigungstücher. Sie entfernen Make-up und Schmutz, damit deine Haut keine Pickel bekommt.

Deine drei Schritte zum ersten Make-up

Schminke dich, wenn möglich, bei Tageslicht.

1. Die Grundierung

a. Eine **leicht getönte Tagescreme** ist für dich ideal. Sie wirkt natürlich und lässt die Haut ebenmäßiger aussehen. Die Tönung soll nie dunkler als deine Hautfarbe sein, sondern fast unsichtbar in den natürlichen Hautton übergehen.

Anwendung: Trage die getönte Tagescreme auf die gereinigte Haut auf. Beginne an Stirn und Nase und lass die Tönung sanft zu den Wangen auslaufen. So entstehen keine Ränder.

b. **Transparenter Gesichtspuder** versteckt fettig glänzende Nasen.

Anwendung: Loser Puder wird mit einer Quaste oder einem dicken weichen Pinsel aufgestäubt. Nimm nicht zu viel Puder!

2. Die Modellierung

Rouge (gesprochen »Ruusch«, das bedeutet auf Französisch »rot«) lässt dein Gesicht frischer aussehen. Rouge gibt es als Puder oder Creme. Wähle einen zarten, hellen Farbton.

Anwendung: Rouge wird von der Schläfe in Richtung Wangenknochen aufgetragen. Verwende nur einen Hauch. Bei Puderrouge genügt ein zartes Wischen mit dem Pinsel.

3. Augen und Mund betonen

a. **Wimperntusche** (Mascara) in Braun oder Schwarz lässt deine Wimpern schön lang und dicht aussehen.

b. Nun noch ein wenig **zart schimmernder Lipgloss** – schon ist dein erstes Make-up perfekt!

Dünn wie Barbie?

In der Pubertät haben viele Mädchen und Jungen Probleme mit ihrer Figur. Doch sie glauben nur, Probleme zu haben – weil auf allen Social-Media-Plattformen ständig vor allem das Äußere anderer beurteilt wird. Dieses »Bodyshaming« kann einen ganz schön runterziehen!

Müssen Models schlank sein?

Es ist schon fies: In den Medien werden fast nur superdünne Models gezeigt, mit Kleidergröße 34. Denn die Modemacher glauben, dass ihre Mode nur an solchen »Kleiderständern« schön aussieht. Schau mal genau hin. Der Körper dieser Mädchen besteht oft nur aus Haut und Knochen. Gesund ist es nicht! Zum Glück haben das einige Leute inzwischen erkannt und tun etwas dagegen.

Betrachte dich positiv ...

Hinter dem englischen Wort »Bodypositivity« steckt der Gedanke, dass du begreifst, deinen Körper so, wie er ist, zu akzeptieren und schön zu finden. Ganz unabhängig davon, welches Schönheitsideal gerade angesagt ist. Das ist für dich natürlich gerade jetzt in der Pubertät, in der du dich sowieso oft oberkritisch betrachtest, leichter gesagt, als getan. Doch versuchen könntest du es ja!

... oder am besten gar nicht?

Manchen Menschen geht »Bodypositivity« nicht weit genug. Sie meinen, dass die Gedanken dabei immer noch zu sehr um den Körper kreisen. Viel besser wäre es, gar nicht mehr an die eigene Figur zu denken. Und auch den Körperbau der anderen einfach nicht mehr zu bewerten. Der englische Begriff dafür heißt »Bodyneutrality«.

Sich selbst zu mögen, ist der Schlüssel zum Glück.

Was ist eine Ess-Störung?

Manche Jugendliche sind sehr unglücklich. Sie mögen ihren Körper nicht und fühlen sich zu dick, obwohl sie zu dünn sind. Den ganzen Tag denken sie nur noch ans Abnehmen. Für diese Mädchen und Jungen ist Essen eine Qual.

Zwei Arten von Ess-Störungen sind besonders verbreitet:

Die Magersucht (Anorexie): Magersüchtige Menschen essen fast nichts mehr. Und manche treiben Sport »wie verrückt«.

Die Bulimie (Ess-Brech-Sucht): An Bulimie erkrankte Mädchen und Jungen stopfen oft heißhungrig Essen in sich hinein und übergeben sich anschließend sofort wieder heimlich. Wenn man sie darauf anspricht, streiten sie es oft wütend ab. Häufig nehmen sie auch Abführmittel, um das Essen schnell wieder loszuwerden.

Beide Krankheiten enden manchmal tödlich. Obwohl die Betroffenen das wissen, können sie ihr Verhalten nicht ändern. Vielleicht hast du eine Freundin oder einen Freund, um die oder den du dir Sorgen machst? Hier selbst zu helfen, ist für dich sehr schwer. Magersucht und Bulimie muss vom Arzt behandelt werden – je schneller, desto besser!

So fühlst du dich rundum wohl

Für deine Gesundheit kannst du einiges tun. Du solltest dafür vor allem nicht hungern. Wusstest du, dass Diäten sogar dick machen können? Nach einer Hungerkur legt dein Körper nämlich noch mehr Fettpolster an, um sich für neue »schlechte Zeiten« zu rüsten.

So viel ist in Ordnung

Mädchen bis 14 Jahre verbrauchen pro Tag etwa 2000 bis 2400 Kilokalorien (das sind etwa 8000 bis 10 000 Kilojoule). Diese Menge hat man mit Süßigkeiten und Limonade schnell erreicht.

Wenn du es ganz genau wissen möchtest:

Schreibe eine Woche lang auf, wie viele Kalorien du am Tag zu dir nimmst. Den Kaloriengehalt findest du meistens auf den Packungen der Lebensmittel. So bekommst du ein gutes Gefühl für deine Ernährung. Du brauchst ein bisschen Durchhaltevermögen, aber es lohnt sich.

Test

Wie viel Energie steckt zum Beispiel in 100 g ...

Wasser/Tee	0	Kilokalorien
Karotten	35	Kilokalorien
Apfel	55	Kilokalorien
Banane	90	Kilokalorien
Spaghetti	390	Kilokalorien
Schokolade	560	Kilokalorien

Schlafen tut so gut! Wer müde ist, nascht mehr Süßes.

Wie ernähre ich mich richtig?

Die Baustelle »Pubertät« braucht Vitamine, Mineralstoffe, Kohlenhydrate und Fette. Das klappt mit Obst, Gemüse und Vollkornprodukten sehr gut. Knochen und Zähne freuen sich über Calcium, das in Milch, Joghurt und Käse steckt. Und einen Schokoriegel oder einen leckeren Döner darfst du auch ab und zu genießen. Das Frühstück ist wichtig. Gerade nach der langen Nacht braucht dein Körper Energie für den Tag.

Dein persönliches Idealgewicht
Bist du in der Schule mehr aus der Puste als deine Freunde und Freundinnen, wenn ihr gemeinsam die Treppen hinaufrennt? Das für dich »richtige« Gewicht hast du, wenn du körperlich fit bist und Spaß am Leben hast.

Chips, Fast Food und Energydrinks

Chips: Es ist wie verhext. Kaum ist die Tüte offen, ist sie auch schon leer. Knabberzeug schmeckt uns, weil es viel Fett und Salz enthält. Schon die ersten Menschen haben ordentlich gefuttert, wenn sie Fett und Salz in der Natur fanden. Und wir machen es leider immer noch so.

Fast Food: Ist dir schon aufgefallen, dass du fast nie alleine Hamburger essen gehst? Meist trittst du mit Freunden im Rudel auf. Gemeinsam mit Gleichaltrigen schmeckt's nämlich am besten!

Energydrinks: Sogenannte Energydrinks enthalten nicht nur viel Zucker, sondern auch sehr viel Koffein. Das belastet dein Herz. Man nimmt inzwischen an, dass einige Jugendliche durch den regelmäßigen Konsum von Energydrinks gestorben sind.

Immer hübsch in Bewegung bleiben!

Regelmäßige Bewegung ist super. Sie stärkt deine Kraft, deine Ausdauer und dein Immunsystem. Und du musst dazu nicht mal in ein teures Fitness-Studio gehen wie die reichen Stars. Bewegung lauert überall.

Ich hasse Sport!

Kein Problem. Für deine Freizeit findest du bestimmt etwas, das dir Spaß macht. Wie wär's zum Beispiel damit, öfter den Hund eurer Nachbarn Gassi zu führen? Oder steige Treppen, statt den Lift zu nehmen. Oder nimm dein Rad, statt mit dem Bus zu fahren. Wenn du solche Dinge immer wieder machst, bist du bald topfit.

Wer regelmäßig Sport treibt, verbraucht auch im Ruhen mehr Energie. Der Körper erhöht seinen Stoffwechsel nämlich insgesamt und bleibt in Schwung.

Bewegung macht glücklich!

Bewegung setzt sogenannte Endorphine frei. Das sind körpereigene Glückshormone. Das Gute ist also: Je mehr du dich bewegst, desto glücklicher und entspannter fühlst du dich. Wenn das kein Grund ist, sofort von der Couch zu hüpfen und dir die Inlineskates zu schnappen! Gemeinsam macht Bewegung noch mehr Spaß. Denke dir zum Beispiel mit einer Freundin oder einem Freund eigene Schrittfolgen zu eurem Lieblingssong aus!

Test

Wie viele Minuten am Tag?

Versuche zu schätzen, wie viele Minuten am Tag du dich bewegst.

_____ Minuten

Wusstest du, dass sich Jugendliche täglich mindestens 60 Minuten lang bewegen sollen? Super ist es, wenn man dabei zusätzlich aus der Puste kommt und schwitzt. Diese Empfehlung der Ärzteschaft erfüllen aber nur 24 Prozent aller Mädchen (also nur eins von vier Mädchen).
Achte also darauf, dass du in deiner Freizeit nie zu lange sitzt. Auch, wenn es dir durch viele Hausaufgaben und das Chatten und Surfen im Netz nicht leicht fällt. Fang einfach an: Steh auf und recke dich! Deine Muskeln werden jubeln!

Bewegung ist gut für deinen Kopf

Wenn du dich regelmäßig bewegst, freut sich auch dein Hirn. Es bildet neue Nervenzellen und du kannst dich besser konzentrieren. Ein Gedicht oder Vokabeln lernen klappt übrigens super, wenn du dabei im Zimmer auf- und abgehst.

Du brauchst keine Ausrüstung

Beuge deinen Oberkörper mit gestreckten Beinen nach vorne: Erreichen deine Finger die Fußspitzen? Und schaffst du es, rückwärts laufend auf einem Balken zu balancieren?
Viele Mädchen und Jungen können diese einfachen Dinge nicht mehr. Gehörst du dazu? Um wieder beweglicher zu werden, brauchst du keine teure Ausrüstung. Im Netz gibt es jede Menge super Tipps für Fitnessübungen, die du zu Hause in deinem Zimmer machen kannst. Also, los geht's! Streng dich an!

Dein eigener Stil

Die Modeindustrie legt jedes Jahr neu fest, was »in« oder »out« ist. Sie lebt vom Verkaufen, nicht davon, dass jemand einen Pullover jahrelang gerne trägt. Zuerst zeigen Models die neue Mode auf dem Laufsteg und in Zeitschriften. Dann ziehen sich die Stars modisch an. Und schließlich wollen alle Leute »so« rumlaufen. Es gehört Mut dazu, etwas anderes zu tragen als die Mehrheit. Aber wenn es dir gefällt – mach es. Du bist eben selbstbewusst und schwimmst auch mal gegen den Strom!

Wie finde ich meinen eigenen Stil?

In der Pubertät suchst du gerne deinen ganz eigenen Weg. Auch bei der Kleidung. Hier sind einige Tipps:

Tipp 1: Probiere mit deinen Freunden und Freundinnen verschiedene Stylings aus und macht davon Fotos. Auf Bildern siehst du noch besser als vor dem Spiegel, was dir gut steht.
Tipp 2: Trage die Kleidung, in der du dich gerne im Spiegel betrachtest. Aus dem Spiegel sollte dir keine Fremde entgegenstarren.
Tipp 3: Kleidung sendet an andere ein Signal. Besonders die Farbe. Dunkle Töne lassen dich ernst wirken. Helle Farben wirken freundlich.
Tipp 4: Markenkleidung ist oft teuer (du zahlst die Werbung mit). Ausgefallene, günstige Klamotten findest du in Second-Hand- Shops. Oder näh dir deine Mode selbst!

Im typgerechten Outfit bist du viel hübscher als im neuesten Markenlook.

Überlege, wie du »rüberkommen« willst:

Mit welchem Stil fühlst du dich am wohlsten?

- ❍ Sportlich
- ❍ Edel
- ❍ Romantisch
- ❍ Rockig
- ❍ Ausgeflippt
- ❍ Oder : .....

»Das tragen jetzt alle so!«

Dein neuer Look kommt bei deinen Eltern gar nicht gut an? Egal, ob zu weit, zu eng, zu bunt oder zu sexy: Erwachsene meckern gerne an der Kleidung der Jugendlichen herum. Am besten, du gewöhnst dich einfach daran, denn ändern kannst du daran wenig.

Blitztipp

Manchmal sind Eltern nicht auf dem Laufenden, was gerade modern ist. Schlage deinem Vater oder deiner Mutter daher vor, mit dir shoppen zu gehen – oder blättere mit ihnen durch ein Modemagazin oder zeige ihnen Modeseiten im Internet.

Schicke Tricks und Kniffe

Ständig wechselnde Modetrends gehen ganz schön ins Geld. Doch zum Glück musst du dich nicht jedes Mal neu einkleiden, um »in« zu sein. Mit kleinen Tricks kannst du richtig Schwung in dein Aussehen bringen. Und auch nicht mehr ganz aktuelle Klamotten lassen sich auf »topmodisch« stylen.

Schals und Tücher

Bekommst du preiswert in allen aktuellen Farben. Sie peppen jedes Oberteil lässig auf. Einfach locker um Hals oder Hüfte schlingen!

Taschen

Langweilige alte Taschen kannst du besticken, mit Glitzersteinchen be-kleben oder mit Stickern verzieren.

Gürtel

Egal ob aus Leder oder Metall, egal ob zu Jeans oder kurzem Rock – sichtbar auf der Hüfte getragen, sehen Gürtel richtig frech aus. Trage auch mal zwei locker übereinander!

Brillen

Du trägst Brille? Super! Brillen sind ideal, um deinen Typ zur Geltung zu bringen. Wie wär's mit einer großen, roten Fassung? Oder ganz randlos?

Schmuck

Ohrringe, glitzernde Armbänder, schicke Ringe, bunte Kettchen – das alles kannst du in Schmuckboutiquen für wenige Euros kaufen. Behänge dich aber nicht zu sehr mit Glitzerkram. Sonst siehst du aus wie ein Weihnachtsbaum auf zwei Beinen.

Blitztipp

Tausche mit deiner Freundin Hoodie oder Shirt und fotografiert euch.
Siehst du so aus, wie du es dir vorgestelllt hast?

Spiel mit den Farben

Ist dir schon aufgefallen, dass du manchmal merkwürdig blass aussiehst? Und an anderen Tagen wirkst du frisch und strahlend? Das liegt wahrscheinlich an den Farben deines Oberteils. Niemandem stehen alle Farben gleich gut.

Wie finde ich heraus, welche Farben mir stehen?

Der richtige Farbtyp passt zu deiner Haut, deiner Augenfarbe und deiner Haarfarbe.

Test

»Warm« oder »kalt«?

Besorge dir ein goldenes und ein silberfarbenes Tuch. Stell dich bei hellem Sonnenlicht vor einen großen Spiegel und breite eines der Tücher unter deinem Gesicht aus. Betrachte dein Gesicht genau. Nun tausche die Tücher aus. Schau wieder genau hin: Welche Farbe lässt dich besser aussehen? Gold (warm) oder Silber (kalt)?

Der Goldtyp: Dir schmeicheln erdige, warme Farben wie Schokobraun, Tomatenrot, Olivgrün.
Der Silbertyp: Zu dir passen alle klaren, kalten Farben. Super sind Weiß, Schwarz, Blau oder Knallrot.

Stylisten arbeiten mit viel mehr Farbtypen und Farbtüchern. Der Gold- und Silber-Test ist aber ein erster Hinweis für dich. Mit der Zeit lernst du immer besser, welche Farben dir stehen. Und wenn du weißt, was dir steht, wirst du selbstbewusster.

Mit Vollgas ins Leben

Was darf ich ab welchem Alter?

Du fühlst dich alt genug für den Club? Und ein Tattoo wäre auch nicht übel? Was du in der Öffentlichkeit alles darfst, ist im Jugendschutzgesetz geregelt. Aber nicht, um dich zu ärgern – sondern um dich vor Gefahren zu schützen.

12

Meine Rechte beim Ausgehen

Darf ich mit 11 im Kino einen Film ansehen, der erst ab 12 Jahren erlaubt ist?

Kinder ab 6 Jahren dürfen auch Filme sehen, die ab 12 freigegeben sind – wenn ihre Eltern dabei sind. Die Mutter oder der Vater einer Freundin oder eines Freundes reicht also nicht als Begleitung. Kinofilme, die ab 16 Jahren erlaubt sind, darfst du immer erst ab 16 Jahren gucken. Da helfen auch anwesende Eltern nicht.

Wie lange darf ich abends im Kino bleiben?

Kinder unter 14 Jahren müssen das Kino um 20 Uhr verlassen.
Jugendliche unter 16 müssen das Kino um 22 Uhr verlassen.

Darf ich schon in den Club?

Bis zu deinem 16. Geburtstag darfst du nur in den Club, wenn dich ein Erziehungsbeauftragter oder eine -beauftragte begleitet. Das sind entweder deine Eltern – oder ein Erwachsener, dem deine Eltern erlaubt haben, dich mitzunehmen.

14

Darf ich zum Konzert meiner Lieblingsband?

Jugendliche ab 16 Jahren dürfen Konzerte ohne Einschränkung besuchen. Für Jüngere regelt der Veranstalter, ob sie alleine oder nur gemeinsam mit Erziehungsbeauftragten hindürfen. Also schau vor dem Bestellen der Karten im Internet nach!

Im Jugendtreff der Stadt steigt eine Party. Wie lange darf ich mitfeiern?

Veranstaltungen der Gemeinde, der Kirche oder eines Vereins dürfen Kinder unter 14 Jahren alleine bis 22 Uhr besuchen.

Wie lange darf ich abends draußen sein?

Es ist alleine die Entscheidung deiner Eltern, wie lange du abends mit Freunden und Freundinnen auf der Straße sein darfst. Bis du 14 Jahre alt bist, ist während der Woche 19 bis 20 Uhr eine vernünftige Zeit. Du sollst am nächsten Tag ja wieder fit für die Schule sein. Am Wochenende kann es etwas länger werden. Aber deine Eltern sollten immer wissen, wo du bist.

Übrigens
Unter 14 Jahren ist man vor dem Gesetz ein Kind.
14- bis 17-Jährige sind Jugendliche.
Ab 18 Jahren gilt man als Erwachsene und Erwachsener.

16

Was sonst noch im Gesetzbuch steht

Ab wann darf ich rauchen?

Der Verkauf oder das Verschenken von Tabak an Kinder und Jugendliche ist nicht erlaubt. In der Öffentlichkeit dürfen nur Erwachsene ab 18 Jahren rauchen. Das gilt auch für Wasserpfeifen (Shisha oder Blubber), die mit Fruchttabak gefüllt sind. Auch wenn das Zeug lecker nach Apfel oder Erdbeere schmeckt!

Ab wann darf ich Alkohol trinken?

Unter 14 Jahren ist jeder Tropfen Alkohol verboten – auch süße Mixgetränke mit Bier oder Wein. Das gilt auch für deine private Party. Wenn ihr trotzdem heimlich trinkt, können deine Eltern angezeigt werden.

Darf ich schon Sex haben?

Unter 14 Jahren ist Sex verboten. Sogar, wenn du es selbst möchtest. Wenn jemand vor deinem 14. Geburtstag mit dir schläft, können deine Eltern Strafanzeige gegen ihn erstatten.

Ab wann darf ich mich piercen lassen?

Piercing und Tattoos sind rechtlich gesehen eine mutwillige Verletzung deines Körpers. Unter 16 Jahren ist deshalb beides verboten – selbst wenn deine Eltern zustimmen wollen. Ab 16 Jahren brauchst du die Erlaubnis der Eltern, mit 18 Jahren darfst du alleine entscheiden.

Ab wann darf ich mir die Haare färben (lassen)?

Erst nach deinem 16. Geburtstag. Diese Regelung wurde eingeführt, nachdem in Großbritannien ein Junge auf chemische Haarfarbe mit einem allergischen Schock reagierte.

Ab wann darf ich alleine zu Hause bleiben?

Es gibt kein Gesetz, das regelt, ab welchem Alter du alleine (oder mit Freunden und Freundinnen) zu Hause bleiben darfst. Das ist die Entscheidung deiner Eltern. Sie haben die Aufsichtspflicht und müssen dafür sorgen, dass dir nichts Schlimmes passiert und du selbst nichts anstellst.

Müssen meine Eltern an meiner Zimmertür anklopfen?

Das regelt kein Gesetz, sondern die Höflichkeit dir gegenüber. Erwachsene können sich nur schwer daran gewöhnen, dass du jetzt oft deine Ruhe haben willst. Als du kleiner warst, stand deine Zimmertür ja meistens offen. Anzuklopfen müssen deine Eltern also erst lernen.

Blitztipp

Bitte draußen bleiben!
In der Pubertät möchtest du dich abgrenzen können. Erwachsene sollten die Privatsphäre ihrer Kinder deshalb respektieren und Kinderzimmer nicht ohne Vorwarnung »stürmen«.
Bastle zwei Schilder für deine Tür und bitte darum, sie in Zukunft zu beachten:
»Bitte nicht stören« – ich will meine Ruhe haben.
»Bitte anklopfen« – ich habe nichts gegen einen Besuch, will aber nicht überrascht werden.

Taschengeld

Je älter du wirst, desto mehr staunst du darüber, wie viel Monat jedes Mal am Ende deines Taschengeldes noch übrig ist. Cafébesuche, Süßigkeiten, Glitzerschmuck – das alles zieht dir schnell die Scheinchen aus der Tasche. Und dann ist da noch das T-Shirt, das du unbedingt haben musst ...

Wie viel Taschengeld steht mir zu?

Es gibt kein Gesetz, das Eltern zwingt, ihren Kindern Taschengeld zu geben. Jugendämter empfehlen aber folgende Beträge:

8–9 Jahre: 2,50–3 Euro in der Woche
10–11 Jahre: 16–21 Euro im Monat
12–13 Jahre: 21–26 Euro im Monat
Deine Eltern sollten dir das Taschengeld immer pünktlich und regelmäßig geben.

Mit deinem Taschengeld kannst du super üben, verantwortungsvoll mit Geld umzugehen. Wenn du erwachsen bist, wird auch nie unendlich viel Geld da sein.

Wofür darf ich mein Taschengeld ausgeben?

Dein Taschengeld gehört dir. Also darfst du damit machen, was du willst.
In vielen Familien gibt es aber einige sinnvolle Regeln:

- ☆ Schulsachen kaufen deine Eltern. Doch was du verlierst, musst du ersetzen.
- ☆ Ein Teil des Taschengeldes wandert in eine Spardose. So fällt es dir leichter, Geld für größere Wünsche anzusparen.

Dein persönlicher Taschengeldplaner

Notiere in einem Heft alle Einnahmen und Ausgaben. So bekommst du einen guten Überblick, wofür du dein Geld ausgibst.

Vergiss bei den Einnahmen nicht, auch Geldgeschenke einzutragen, die du zu Geburtstagen, Feiertagen oder einfach mal zwischendurch von deinen Großeltern und anderen Verwandten bekommst.

Wofür gebe ich das meiste Geld aus? .....

Auf was möchte ich sparen? .....

Wie viel Geld könnte ich jeden Monat sparen? ..... Euro

Wie bessere ich mein Taschengeld auf?

Ab deinem 13. Geburtstag erlaubt dir das Jugendschutzgesetz, dass du für fremde Leute arbeiten darfst. Dabei sind leichte Tätigkeiten wie Babysitten, Hunde ausführen, Einkäufe erledigen oder Werbeblätter austragen möglich.

Blitztipp

Frage deine Eltern, ob du dein Kinderzimmer »entrümpeln« darfst. Alte Bücher und Spielsachen könnt ihr zum Beispiel auf einem Flohmarkt anbieten. Diese Methode, an Geld zu kommen, funktioniert allerdings nur einmal ...

Mein eigenes Reich

Irgendwann passiert es: Die alte Einrichtung deines Zimmers nervt dich einfach tierisch. Sie erinnert dich an Puppenspielen und Gutenachtgeschichten hören – aber jetzt bist du auf dem Weg, erwachsen zu werden.

Selbst ist das Mädchen!

Auch ohne viel Geld kannst du eine Menge tun, um dich in deinem Zimmer wieder rundum wohlzufühlen.

Tipp 1: Raus mit dem Kinderkram! Entrümple alle Schränke und Regale von Spielzeug, alter Kleidung und allem, was dich sonst noch stört. Überlege mit deinen Eltern, was ganz weg kann oder in Kisten im Keller aufbewahrt werden soll.

Tipp 2: Hänge einen großen Spiegel auf. Spiegel lassen jedes Zimmer geräumiger aussehen. Falls du wenig Platz an der Wand hast – es gibt Spiegel zum Aufkleben für die Innentür.

Tipp 3: Wie wär's mit Postern deiner Lieblingsstars an der Wand? Oder gestalte eigene Bilder, wenn du Lust dazu hast. Dadurch wird dein Zimmer noch persönlicher.

Tipp 4: Dekoriere Möbel und Wände mit Tüchern in deinen Lieblingsfarben. Super ist auch ein Vorhang für dein Bett, damit du dich in deiner Höhle verkriechen kannst.

Tipp 5: Wünsch dir zum nächsten Geburtstag coole Bettwäsche. Welche Farbe soll deine Bettwäsche haben?

.....

Tipp 6: Für besondere Stimmung sorgen viele kleine Lämpchen oder farbige Glühbirnen, allerdings verbrauchen sie Strom. Auch Kerzen sind schön. Wenn deine Eltern dagegen sind (denk an das Chaos im Teeniehirn): Es gibt ungefährliche LED-Kerzen, die sogar gemütlich flackern.

Tipp 7: Frage deine Eltern, ob du deine langweiligen braunen Möbel streichen darfst. Weiß oder schwarz sieht immer edel aus. Und wie wär's mit apfelgrün? Oder sonnengelb?

Tipp 8: Ideen abgucken: Schau dich mal in den Zimmern deiner Freunde und Freundinnen um. Oder suche in Zeitschriften nach trendigen Einrichtungstipps. Zeitschriften gibt's kostenlos zum Ausleihen in der Bücherei.

Das möchte ich noch verändern:

.....

.....

.....

Fertig! Dein neues Zimmer darf natürlich gefeiert werden. Vielleicht hast du Lust auf eine kleine Einweihungsparty mit deinen Freundinnen und Freunden?

Hinfallen. Aufstehen. Krone richten. Weitergehen.

Stell dir vor: Du könntest dich in deinem Zimmer verkriechen, solange du möchtest. Bis zum Ende dieser seltsamen Pubertät. Bis die Hormone in deinem Körper nicht mehr alles so schrecklich durcheinanderwirbeln. Bis du keine Zahnspange mehr tragen musst und und nicht mehr so viele Pickel hast. Bis die Schule vorbei ist. Und bis dein Gehirn mit 20 Jahren endlich wieder »normal« funktioniert.

Ja, verkrümeln wäre super. Oder – doch nicht?
Vermutlich wäre dir bald stinklangweilig. Sogar die Schule würde dir fehlen. Und die Streitereien mit den Erwachsenen. Denn das Versöhnen danach ist doch immer wieder schön.

Auch der Mensch deiner Träume schaut wohl eher selten in deinem verschlossenen Zimmer vorbei. Dafür wartet irgendwo da draußen bestimmt jemand genau auf dich.

Also – steck deine niedliche Nase vor die Tür und stürze dich ins Abenteuer!

Natürlich wird dir nicht alles gefallen, was passiert. Im Leben läuft nie alles perfekt. Und schon gar nicht während der Pubertät. Aber dafür hast du ja Freundinnen und Freunde. Wenn es mal wieder richtig übel kommt, dann heule mit ihnen – bis du wieder lachen kannst.

Gib jedem Tag die Chance, der schönste deines Lebens zu werden.

Mark Twain

Hinfallen. Aufstehen. Krone richten. Weitergehen.
So machen es stolze Prinzessinnen. Und so schaffst du auch die Sache mit dem Erwachsenwerden spielend.

Sei neugierig auf die Welt.
Denn alles im Leben hat zwei Seiten – suche einfach die guten.

Viel Spaß dabei!

Glossar

Adoleszenz: Die Zeit, in der man zum Erwachsenen heranwächst. Sie dauert etwa vom 10. bis zum 20. Lebensjahr.

Aufsichtspflicht: Die Pflicht zur Beaufsichtigung von Kindern und Jugendlichen. Sie gilt zum Beispiel für Eltern und Lehrer bzw. Lehrerinnen. Wer dieser Pflicht nicht nachkommt, muss nach einem Unfall oder einer Straftat des Kindes dafür Schadenersatz leisten.

Bodyshaming: Das Wort setzt sich aus englisch »body« für Körper und »shaming« für Beschämung zusammen. Es ist also eine abwertende Bemerkung über das Aussehen anderer. Ratschläge zur Gestaltung der äußeren Erscheinung sind dagegen kein Bodyshaming.

Challenge: Das englische Wort bedeutet übersetzt »Herausforderung«. Jemand macht, z. B. im Internet, eine Aktion vor und fordert anschließend andere Leute auf, das Gleiche zu tun.

Clique: Eine kleine Gruppe von Menschen mit starkem persönlichem Zusammenhalt. Oft haben sie gleiche Ziele, Interessen und Wertvorstellungen und schotten sich nach außen ab. Dies vermittelt ein Gefühl von Geborgenheit.

Cybermobbing: Gezielte böswillige und wiederholte Handlungen im Internet, die eine Person beleidigen und verletzen sollen.

Eierstöcke: Weibliche innere Geschlechtsorgane, in denen Keimzellen (Eier) und Geschlechtshormone gebildet werden.

Endorphine: Substanzen, die im Körper selbst gebildet und vor allem bei Stress freigesetzt werden. Sie wirken schmerzstillend.

Erziehungsbeauftragte(r): Person über 18 Jahre, die von einer oder einem Erziehungsberechtigten über einen festgelegten Zeitraum das Recht zur Erziehung erhält.

Erziehungsberechtigte(r): Person über 18 Jahre, die alle Rechte und Pflichten der elterlichen Sorge ausübt.

Flirt: Spielerische Form der Partnerwahl durch Gesten, Blicke und scherzhafte Worte.

Geschlechtsreife: Zeitpunkt, zu dem alle inneren und äußeren Geschlechtsmerkmale voll entwickelt sind. Bei Mädchen ist dies normalerweise ab dem 13. bis 15. Lebensjahr der Fall.

Hirnanhangdrüse: Kirschgroßes Gebilde im Gehirn, das Hormone ins Blut abgibt. Durch sie werden viele Organfunktionen gesteuert.

Hormone: Körpereigene Stoffe, die schon in winzigen Mengen wirken. Sie beeinflussen zum Beispiel das Wachstum und die Fortpflanzung.

Jugendamt: Für alle Angelegenheiten der Kinder- und Jugendhilfe zuständige Behörde. Sie gibt unter anderem Tipps zur Erziehung in der Familie.

Jugendschutzgesetz: Das »Gesetz zum Schutz der Jugend in der Öffentlichkeit« regelt den Aufenthalt von Kindern und Jugendlichen an Orten mit Gefahren für ihr geistiges, seelisches oder körperliches Wohl. So ist zum Beispiel der Besuch eines Nachtclubs unter 18 Jahren generell verboten.

Kohlenhydrate: Teile der Nahrung, die aus Zuckermolekülen bestehen. Sie enthalten sehr viel Energie.

Östrogen: Eine Gruppe von Sexualhormonen, die vor allem in den Eierstöcken gebildet werden.

Prämenstruelles Syndrom (PMS): Beschwerden, die regelmäßig einige Tage vor der Monatsblutung auftreten. Die Beschwerden reichen dabei von Reizbarkeit bis zu Kopfschmerzen oder unreiner Haut.

Privatsphäre: Der Bereich, in dem man sein Leben ungestört gestalten möchte.

Toleranz: Die Haltung, andere Anschauungen, Sitten oder Gewohnheiten auch dann gelten zu lassen, wenn man sie für falsch hält.

Impressum

Bildnachweis

© stock.adobe.com: blue67, dip, Kara-Kotsya, m_yulia, vectorgirl
Cover: © stock.adobe.com: Olivia; Shutterstuck.com: alicedaniel, Daria Voskoboeva, Marina Santiaga, Natthareya, Paisanboy

Es wurde jede Anstrengung unternommen, die Bildnachweise korrekt zu erstellen und die Copyright-Inhaber aller Bilder zu ermitteln. Der Verlag entschuldigt sich für alle unvollständigen Angaben und wird gegebenenfalls Korrekturen in zukünftigen Ausgaben vornehmen.

© 2014, 2023 (überarbeitete Neuauflage) arsEdition GmbH,
Friedrichstraße 9, D-80801 München
arsedition.de/service
Alle Rechte vorbehalten
Text: Lydia Hauenschild
Layout und Illustrationen: Design + Ideenreich, Petra Schmidt, www.designideenreich.de
Covergestaltung: Grafisches Atelier, arsEdition
ISBN 978-3-7607-9863-9
Wir behalten uns die Nutzung unserer Inhalte für Text und
Data Mining im Sinne von § 44b UrhG ausdrücklich vor.
www.arsedition.de

FSC
www.fsc.org
MIX
Papier | Fördert
gute Waldnutzung
FSC® C002795